아테네

영원한 신들의 도시

차례
Contents

신의 도시 아테네

아테네는 '여신의 도시'이다. 아테네라는 이름이 신(theos)의 여성형에서 유래하였기 때문이다. 이 도시를 수호하는 가장 강력하고 영향력이 있는 존재는 바로 아테나(Athena) 여신이다. 아테네가 아테나 여신의 도시일 수밖에 없는 이유이기도 하다. 그리스의 다른 도시들과는 달리 아테네는 도시와 수호신의 이름이 동일하다. 고대 아테네인들은 아테나 여신이 자신들의 도시를 수호해준다고 생각하였다. 그래서 도시의 가장 높은 언덕인 아크로폴리스에 아테나 여신의 집을 마련하였다.

그리스인들은 모든 신들에 대해 소홀히 하지 않았다. 왜냐하면 모든 신은 각기 자신의 고유한 영역이 있고, 인간의 모든 삶에 영향을 미쳤기 때문이다. 고대 그리스의 여러 도시들뿐만 아니라 에게 해의 섬들과 소아시아의 여러 도시들을 방문할 때 아크로폴리스에서 아테나 신전을 보기는 어렵지 않다. 아테나 여신의 수많은 별칭들 중 '도시국가의 수호자'를 의미하는 아테나 폴리아스(Athena Polias)가 있다. 고대 그리스인들은 특히 아테나 여신이 도시국가를 보호해준다고 생각했다. 따라서 수많은 도시국가들이 아테나를 숭배했던 것이다. 이것만 보더라도 고대 그리스인들에게 아테나 여신의 존재가 어느 정도인지 짐작할 수 있다.

그러나 오늘날 그리스에서 아테나 여신을 종교적으로 숭배하는 사람을 찾기는 어렵다. 고대 올림포스 신들은 모두 죽었고 현재 그리스에는 유령만이 돌아다닐 뿐이다. 그리스인들은 옛날이나 지금이나 종교심이 깊은 민족이다. 그들은 과거의 올림포스 신들 대신에 기독교의 신을 믿고 있다. 오늘날 그리스인들은 그리스정교를 믿으며 살아간다. 그리스에서는 그리스정교 신자가 되지 않으면 정상적인 생활을 하기가 어려울 정도로 일상생활 전반에 걸쳐 그리스정교의 영향이 침투해 있다. 그러나 현대 그리스인들의 삶은 오히려 고대 그리스 신들에 의해 보호받고 있다. 많은 사람들이 자신의 조상들이 남겨놓은 유적들과 유물들을 바탕으로 생활을 하고 있기 때문이다. 그렇다면 과연 아테네라는 도시는 누가 수호하고 있는가?

아테네 신화의 숲으로 들어가기

아크로폴리스, 신들을 찬미하다

신의 언덕에 신들은 사라지고

고대 그리스인들은 도시의 가장 높은 곳을 아크로폴리스라 불렀다. 아크로폴리스(Acropolis)라는 말 자체가 그리스어로 도시(polis)에서 '가장 높은'(akros) 곳을 의미한다. 아크로폴리스는 외부의 적으로부터 도시국가를 방어하기 위한 군사적 요새로도 안성맞춤이지만 주로 종교적인 목적으로 사용되었다. 각 도시의 아크로폴리스에는 그 도시의 시민들이 가장 사랑하는 신의 집이 있었다. 아테네에도 도처에 여러 신들의 신전이 있었다. 그러나 대부분 아테나 신전이 있는 아크로폴리스 아래쪽에 위치해 있다.

옛 아크로폴리스 복원도.

왜냐하면 고대의 아테네인들이 가장 사랑한 신은 아테나 여신이었기 때문에 그들은 아크로폴리스에 그녀를 위한 가장 아름다운 신전을 지었다. 그것이 바로 파르테논(Parthenon) 신전이다. 아테나 여신은 처녀 신이었으므로 아테네인들은 자신들이 지은 아테나 신전을 '처녀의 집'을 의미하는 파르테논이라 불렀다. 이 외에도 고대 아테네의 아크로폴리스는 여러 신전들로 가득 차 있었다. 그러나 지금 아크로폴리스에는 파르테논 신전을 비롯한 몇 개의 건물만이 듬성듬성 남아 있을 뿐이다. 현재 남아 있는 신전으로는 아크로폴리스의 입구 쪽 아테나 니케 신전과 왼쪽에 있는 에레크테이온 신전 그리고 아테나 폴리아스 신전 및 포세이돈 신전 등이 있다. 완전히 사라진 유적은 입구 왼쪽의 에레크테이온 신전 앞쪽에 있던 아테나 프로마코스 신상과 파르테논 신전 앞쪽에 있던 아르테미스 신전, 파르테논 신전 안에 있던 아테나 파르테노스 신상 및 아테나 니케 신전 안에 있던 신상 등이다. 아테네의 아크로폴리스에 있던 아테나 신상들이 지금은 모조리 사라지고 만 것이다.

아테나 니케 신전과 페르시아 전쟁사

아테네의 아크로폴리스는 항상 복잡하다. 여름에는 수많은 관광객으로 붐비고 겨울에도 단체 관람하는 학생들로 붐빈다. 과연 숨이나 쉴 수 있을까 싶을 정도로 아크로폴리스는 수많은 사람들의 무게에 짓눌리고 있다. 아크로폴리스로 들어가기 위해서는 신전으로 들어가는 입구를 가리키는 프로퓔라이아(Propylaia)를 통과해야 한다. 이곳은 아크로폴리스의 서쪽이다. 지금은 기둥들만이 길게 늘어서 있지만 과거에는 아무나 지나갈 수 있는 곳이 아니었다. 종교 제전 때 정문에 해당하는 중앙 기둥들 사이로 신성한 행렬이 지나다녔고, 일반인들은 양옆에 있는 좁은 문들을 통해 지나다녔다.

이 프로퓔라이아를 통과하면서 그냥 지나치기 쉬운 건물이 바로

아테나 니케 신전.

아테나 니케(Athena Nike) 신전이다. 아테나 니케 신전은 프로 필라이아로 올라가기 전에 돌출된 부분 위에 세워져 있다. 일 단 프로필라이아를 통과하면 바로 파르테논 신전이 나타나기 때문에 조그마한 아테나 니케 신전에 주목하는 사람은 많지 않다. 그러나 이 신전은 고대 아테네인들에게는 기념비적인 장소였다. 왜냐하면 아테네인들이 바로 페르시아 전쟁에서 승 리한 기념으로 세운 신전이기 때문이다. 아! 페르시아 전쟁이 여, 너는 그리스인들의 삶을 얼마나 찬란하게 바꾸었는가. 고 대 그리스의 역사에서 가장 유명한 전쟁이었던 페르시아 전쟁 은 기원전 490년과 480~479년, 총 두 번에 걸쳐 일어났다.

페르시아 왕국과 아폴론 신탁

고대 그리스인들은 그리스 본토뿐만 아니라 소아시아에까 지 진출해 있었다. 그런데 그후 소아시아의 이오니아 지방의 그리스인들은 뤼디아 왕국의 크로이소스 왕(Kroisos, 기원전 560~546년)의 지배를 받았다. 크로이소스 왕은 자신의 영토를 확장시킬 야심을 가지고 있었다. 그래서 당시 페르시아 왕국 의 영토를 침공할 계획을 세웠다. 그는 전쟁을 치르기 전에 델 포이의 아폴론 신전에 사람을 보내어 신탁을 알아보았다. 이 것은 아주 유명한 신탁으로 다음과 같다. "만약 크로이소스가 페르시아를 공격한다면 대제국을 파괴할 것이다."[1] 크로이소 스 왕은 신탁을 전해 듣고는 승리를 확신하고 기원전 546년에 드디어 군사를 이끌고 페르시아를 침공했다. 그러나 페르시아 왕 퀴로스(Kyros)에게 이오니아는 물론 뤼디아까지 빼앗기게 된다. 너무나 억울했던 크로이소스는 델포이의 신탁이 틀렸다고 불평하며 아폴론 신전으로 다시 사람을 보냈다. 이에 신탁은 "만약 크로이소스가 정말 현명한 사람이었다면 두 번째 질문을 던졌어야 했을 것이다. 그가 파괴할 왕국이 누구의 것인가, 그의 적의 것인가 아니면 그의 것인가?"라고 답변하였다. 크로이소스는 파괴될 대제국이 자기 나라인지, 페르시아인지 확인하지도 않고 자기 마음대로 신탁을 해석하여 전쟁을 벌인 것이었다.

한편 페르시아는 뤼디아 왕국을 정복한 후 직접 통치하기가 어려웠기 때문에, 현지 독재자들에게 통치를 맡겼다. 그러나 이오니아의 그리스인들은 반란군을 결성하여 이들의 통치에 저항하였고, 그리스 본토에까지 지원군을 요청했다. 그러나 당시 그리스 도시국가 중 하나인 스파르타는 거절한다. 아테네만 이오니아 반란군의 요청을 받아들여 군사를 지원하기로 결정했다. 아테네군은 멀리 페르시아의 사령부가 있었던 사르디스까지 가서 공격을 하고 돌아왔다. 그러나 얼마 지나지 않아 페르시아는 이오니아 반란군을 완전히 진압해버린다. 당시 페르시아의 왕이던 다레이오스(Dareios)는 아테네인들이 이오니아 반란군을 지원했다는 사실을 알고 노발대발하여 아테네를 정벌하기로 결심한다. 드디어 기원전 490년에 다레이오스는 그리스에 보복하기 위해 대규모의 병력을 동원하여 마라톤에 상륙하였다. 페르시아군은 아테네군에 비할 수 없을 만큼 엄청난 규모로 물밀듯이 밀려왔다. 어느 누구도 아테네 군이 승리할 것이라 생각하지 않았다.

그러나 아테네의 유명한 장군 밀티아데스(Miltiades)는 페르 시아군에게 낯선 군사 작전을 펼쳐 엄청난 승리를 이끈다. 그 는 아테네의 중장비 보병을 보내 적의 양 날개를 공격하여 제 압한 후에 다시 중앙을 향해 밀고 들어가는 작전을 펼쳤다. 그 리하여 아테네군은 페르시아군을 압박하여 습지로 몰고 가 미 처 함선으로 도망치지 못했던 적군을 몰살시켰다. 아테네인들 로는 도저히 믿기지 않는 승리를 얻은 것이다. 아테네군은 이 에 자만하지 않았다. 다시 전열을 가다듬어 마라톤에서 아테 네까지 40km를 달려와 해상공격에 대비하였으나 페르시아군 은 회군을 하고 말았다. 아테네인들은 당시 최강대국인 페르시 아를 이겼다는 자부심으로 충만했고, 이와 반대로 페르시아의 다레이오스 왕은 치욕감으로 분노에 떨었다. 그러나 다레이오 스 왕은 다시 아테네를 공격할 수가 없었다. 아테네를 재공격 하는 데에는 거의 10년의 기간이 걸렸는데 전쟁을 시작하기도 전에 다레이오스는 죽고, 그의 아들 크세르크세스 1세(Xerxes, 기원전 486~465년)가 다시 대규모의 군대를 조직하여 기원전 480년에 그리스를 공격해왔다.

살라미스 해전과 아테네의 승리

페르시아의 왕 크세르크세스는 군사적으로 열세인 그리스 인들이 엄청난 규모의 페르시아군을 보기만 해도 항복할 것이라 예상했다. 그러나 크세르크세스의 예상은 보기 좋게 빗나가버렸다. 그리스 남부에 있던 31개의 도시국가들은 페르시아 군대에 맞서기 위해 동맹군을 결성했다. 그들은 비록 소규모였지만 용맹스러웠다. 이때 그리스 동맹군의 지도국이 스파르타였는데 명장 레오니다스(Leonidas)가 스파르타 군대를 이끌고 있었다. 스파르타와 동맹군들은 예상을 뒤엎고 페르시아의 대군을 한동안 저지하지만 밀고자에 의해 페르시아군에게 정보가 새어나가 결국 저지선이 무너져버렸다. 불행중 다행으로 아테네인들은 페르시아군이 아테네에까지 입성하여 노략질을 하기 전에 간단히 짐을 꾸려 피신할 수 있었다. 그들은 멀리서 페르시아인들이 아크로폴리스와 자신들의 도시를 파괴하는 것을 지켜볼 수밖에 없었다. 그렇지만 더 이상 넋 놓고 있을 수만은 없었다. 살라미스에서 아테네인들은 테미스토클레스(Themistokles)의 지휘 하에 해상전을 준비하였다.

페르시아가 침략하기 전에 아테네는 대규모 은광을 발굴하였다. 당시 테미스토클레스는 은광 발굴로 얻은 막대한 수입을 시민들에게 나눠주지 않고 해군력을 증강하는 데 투자했다. 그는 살라미스 해전에 사활을 걸었다. 살라미스는 해협이 아주 좁아 가볍고 작은 그리스 함선에 유리하였다. 그러나 어떻게 페르시아군을 살라미스로 유인할 것인지가 관건이었다. 테미스토클레스는 기발한 작전을 짰다. 즉, 페르시아군에 밀정을 보내 그리스군이 밤에 살라미스 해협의 서쪽 출구로부터 철수하려 하니 그쪽을 봉쇄하면 승리할 수 있을 것이라고 거짓 정보를 흘린 것이었다. 이 작전은 예상대로 적중했다. 페르시아의 함선은 아테네군이 철수하기 전에 공격하기 위해 모두 살라미스의 좁은 해협으로 몰려들어왔다. 이미 모든 준비를 마치고 기다리고 있던 그리스 함선은 꼼짝달싹도 하지 못하는 적군을 대파하였다. 이 모든 영광은 당연히 아테네에게로 돌아갔다.

날개 없는 아테나 니케 여신은 사라지고

아테네인들은 페르시아 전쟁의 승리를 아테나 여신에게 돌리고 기리기 위해 아테나 니케 신전을 세우고 그 안에 아테나 니케상을 모셨다. 그런데 그것은 우리가 흔히 알고 있는 '승리'의 여신 니케를 기리는 상은 아니다. 물론 니케 여신은 아테나 여신의 부속 신이다. 그녀는 전쟁의 여신인 아테나를 항상 따라 다니는 신으로 말해진다. 그러나 여기서 아테나 니케는 독립된 니케 여신을 가리키는 것이 아니라 아테나 여신의 여러 가지 별칭 중에 하나를 가리킨다. 이것은 아테나 여신이 항상 전쟁에서 승리를 가져온다는 사실을 강조하기 위해 붙여진 이름이다. 아테나 니케 신전의 정문인 동쪽 프리즈에는 유명한 그리스의 올림포스 12신이 부조로 새겨져 있지만 지금은 그리스를 떠나 대영박물관에 전시되어 있다. 그러나 아무도 그리스인들에게 고대 유물들을 돌려줄 생각을 하고 있지 않다. 아테네인들은 자신들의 도시를 떠나지 말라고 흔히 니케상에 달곤 하던 날개도 달지 않았지만, 이제 아테나 니케상은 날개도 없이 어디론가 혼적도 없이 사라지고 말았다.

아크로폴리스에서 아테나 니케상만 사라진 것은 아니다. 프로필라이아 왼쪽에서 서쪽을 바라보며 장대한 위용을 자랑하던 아테나 프로마코스(Athena Promachos)상도 끝내 찾아볼 수 없다. 그것은 유명한 조각가인 페이디아스(Pheidias)에 의해서 만들어진 청동상으로 보통 성인 키의 5배가 훨씬 넘는 9m 크기였다. 고대 아테네인들은 아테

아테나 프로마코스 청동상.

나 프로마코스가 자신들을 외부의 적들로부터 지켜줄 것이라 믿으며 든든한 마음으로 아크로폴리스의 계단을 밟고 올라갔을 것이다. 이제는 아테네 국립고고학 박물관에 남아 있는 작은 크기의 아테나 프로마코스 청동상을 통해 호전적이며 전투적인 아테나 여신의 모습을 짐작할 수 있을 뿐이다.

파르테논! 영원한 처녀의 집에 들르다

아크로폴리스의 입구를 통과하면 아무도 눈길을 돌릴 수

파르테논 신전.

없는 아름다운 신전이 마치 파란 하늘 위에 걸린 듯 날개를 펼치고 있다. 그리스 도처에 아테나 여신의 신전이 남아 있지만 파르테논만큼 아름답고 장중하며 위엄 있는 모습을 하고 있는 것은 없다. 지금은 신전을 아름답게 수놓았던 프리즈나 메토프가 모두 떨어져 나갔지만 길게 늘어선 기둥들만으로도 충분히 감탄을 불러일으킨다. 이 기둥들은 지름만 해도 1.5~1.9m라 하니 우리가 한번에 안아볼 수 없을 정도이다. 이러한 기둥들이 모두 46개라고 하니 누가 가르쳐주지 않으면 비슷비슷한 기둥들을 세고 또 세며 서 있어야 할 것이다.

그런데 우리가 아크로폴리스에 올라가 마주하게 되는 파르테논 신전은 정면이 아니라 뒷면이다. 대부분의 사람들은 입구를 빠져나오면서 바라보게 되는 파르테논 신전의 뒷면을 보고 감탄을 연발한다. 사실 그냥 보면 기둥들만 남아 있으니 어디가 정면이고 뒷면인지 알 수도 없는 상황이고 뒤쪽에서 바라보는 것만으로도 넋을 잃을 지경이다. 그리고 지금은 종교적인 의식을 행할 일이 없기 때문인지 정면 쪽은 사람들의 관심을 끌지 못한다. 아크로폴리스의 신전들은 모두 동쪽을 향하고 있다. 그러므로 아크로폴리스의 서쪽 입구로부터 올라온 사람들은 처음에 모든 신전의 뒷면만을 보게 되는 것이다. 그러나 감탄만 하며 계속 머무르다가는 신전을 제대로 감상할 수 없다.

아테나 파르테노스상.

파르테논 신전은 그 자체만으로 아테나 여신을 보여주고 있다. 정면으로 돌아가면 동쪽을 향해 거대한 아테나 파르테노스(Athena Parthenos)상이 있는데, 40피트 높이의 금과 상아로 된 엄청난 크기의 조각상으로 그 위용을 자랑했다고 한다. 물론 지금은 신전 안에서 아무 것도 찾을 수 없다. 모든 것은 파괴되고 사라져버렸기 때문이다. 그렇지만 눈을 가늘게 뜨고 태양 빛을 가볍게 응시하면 화려하고 찬란한 아테나 파르테노스를 불현듯 볼 수도 있다. 더욱이 우리가 조금만 관심을 가지면 충분히 그려낼 수 있도록 아테나 파르테노스의 작은 모상이 남아 있다. 고대 여행가들의 설명에 의하면 원래는 목조상에 금박을 입힌 것으로 얼굴과 손발만이 상아로 되어 있었다고 하는데, 우리는 단지 하얗고 조그만한 대리석 조각만으로 만족해야 한다. 이 상에는 아테나 여신을 상징하는 모든 것들이 총동원되어 있다. 그녀가 항상 쓰고 다니는 투구에는 스핑크스와 그리핀이 장식되어 있고, 가슴 중앙에는 예외없이 메두사의 머리가 장식 핀처럼 달려 있다. 또한 오른손에는 날개 달린 작은 니케 여신상을 들고 있으며, 왼손에는 창과 방패를 잡고 있다.

아테나 여신과 도시국가 탄생의 대서사시

파르테논 신전 안쪽을 어슴푸레 응시한 후에 다시 신전 외벽을 찬찬히 둘러보자. 우리가 미처 알아채지 못했던 작은 공간들에서도 엄청난 신화적 사건들이 일어나고 있다. 신전의 외벽을 두르고 있는 박공벽(pediment)과 메토프(metope)에 유명한 부조들이 서로 끊임없이 연결되어 대화를 나누고 있다. 우선 파르테논 신전의 동쪽 박공벽에는 고대 아테네인들이 사랑하는 아테나 여신과 도시국가의 탄생과 역사가 그려져 있다. 아테나의 탄생 장면은 그리스의 많은 도자기 화가들이 즐겨 그리던 주제였다. 제우스가 가장 사랑하는 딸 아테나 여신은 바로 제우스의 머리로부터 태어났다. 아테나가 태어날 때 하늘의 태양이 멈추고 바다가 요동치고 땅이 흔들리는 대장관을

아테나의 탄생(동쪽 박공벽).

이루었다고 한다. 물론 신전의 가장 높을 곳을 장식하는 삼각형 구도의 박공벽에 이러한 탄생 장면을 자세히 새겨 넣지는 못했을 것이다. 아테네인들은 아테나 여신이 태어나는 순간이 아닌 태어난 후를 묘사하였다. 박공벽 중앙에는 제우스가 왕좌에 앉아 있고 이미 제우스의 머리로부터 나온 아테나 여신이 창과 방패를 들고 무장한 채로 서 있다. 제우스와 아테나 사이에서 니케 여신이 왕관을 아테나에게 씌우려 하고 있다. 제우스의 왕좌 뒤에는 전령으로서 이리스 여신, 헤라 여신, 아프로디테와 에로스, 아레스 등이 서 있고, 아테나 여신 뒤에는 도끼를 든 헤파이스토스, 삼지창을 든 포세이돈, 리라를 든 아폴론, 활을 든 아르테미스 등이 서 있다. 다른 신들은 모두 놀라운 듯이 아테나의 탄생을 지켜보고 있다.

다음으로 우리가 아크로폴리스 관문을 통과하자마자 보게 되는 서쪽 박공벽에는 바로 아테네라는 도시 탄생을 묘사하고 있다. 아테나 여신 옆으로는 전차와 함께 헤르메스와 니케 여신이 있으며, 포세이돈 옆으로는 이리스와 암피트리테가 서 있다. 헤르메스와 이리스는 각각 고대 그리스의 전령의 신이

아테나와 포세이돈의 싸움(서쪽 박공벽).

다. 호메로스의 『일리아스』에는 헤르메스보다는 이리스가 전령으로서 더 자주 등장한다. 아테나 여신 쪽의 니케 여신은 바로 승리의 여신 아테나의 상징으로 나타나 있으며, 포세이돈 신 쪽의 암피트리테는 바로 포세이돈의 아내이다. 아테네인들은 자신들의 도시를 두고 두 명의 위대한 신들이 싸움을 벌였다고 생각했다. 아테네인들에게 아테나 여신은 올리브 나무를 제공했고 포세이돈 신은 소금물을 제공했다. 올리브 나무는 아테네를 비롯한 그리스 전역에 널리 자라는 식물이다. 건조하고 메마른 그리스 토양에 잘 맞기 때문에 지금도 아크로폴리스 주변에는 올리브 나무가 지천으로 자라고 있다. 그러나 포세이돈은 바다의 신이었고, 아테네인들에게 짠물은 별로 소용이 없었다. 그래서 아테네인들은 아테나 여신을 선택하였고, 포세이돈은 멀리 바다로 물러나야 했다.

그리스의 전쟁과 투쟁의 역사

파르테논 신전의 박공벽 아래를 살펴보면 총 92개의 정사각형 모양의 메토프들이 사방으로 줄을 잇고 있다. 전체 메토프는 동서남북 네 면으로 구분된다. 먼저 동쪽 메토프는 올림포스 신들과 기간테스의 전쟁을 보여주고, 남쪽 메토프는 인간들과 켄타우로스의 전쟁을 보여주고 있다. 서쪽 메토프는 아테네인들과 아마조네스의 전쟁을 보여주고, 북쪽 메토프는 트로이 전쟁을 보여주고 있다. 메토프 전체 구도는 동쪽으로부터 시작하여 북쪽에서 끝나는 걸로 보인다. 신전 정면인 동쪽 메토프에 가장 오래된 신들의 전쟁이 나오고, 바로 연결되는 남쪽과 서쪽은 고대 그리스인들이 가장 두려워했던 신화적인 종족인 켄타우로스와 아마조네스와의 전쟁이 나오며, 마지막으로 역사적으로 가장 나중에 발생한 트로이 전쟁이 나온다.

첫째, 동쪽 메토프에 묘사되어 있는 올림포스 신들과 기간테스(Gigantes, 거인족)의 전쟁은 마지막 신들 간의 전쟁이었다. 올림포스 신들은 먼저 티탄족(Titanes)과 전쟁을 치른 후에 튀폰(또는 튀포이오스)과의 대결을 치르고 마지막으로 기간테스와 전쟁을 한다. 기간테스는 크로노스가 아버지 우라노스를 거세할 때 떨어진 핏방울을 가이아가 받아서 처녀생식으로 낳은 자식들로 바로 아버지가 아닌 어머니의 자식들이다. 그들은 티탄족과의 전쟁에서 승리한 올림포스의 젊은 신들과 전쟁을 벌였다. 올림포스 신들은 기간테스를 이기기 위해 인간 어머니들에게서 태어난 두 명의 신들이 필요했다. 그들이 바로 디오뉘소스와 헤라클레스였다. 이들 외에도 제우스의 자식들도 맹활약을 벌였다. 특히 아테나 여신은 자신의 유명한 별칭들 중 하나인 팔라스(Pallas)라는 이름과 동일한 거인을 만나 그의 살갗을

벗겨내 방패가죽으로 사용했으며, 또한 엥켈라도스(Enkelados)라는 거인을 시켈리아[시실리]에 던져버렸다고 한다.

둘째, 남쪽 메토프에 묘사되어 있는 인간들과 켄타우로스의 전쟁은 아테네인들에게 남다른 의미가 있다. 왜냐하면 이 전쟁의 주도적인 인물이 바로 아테네의 영웅 테세우스(Theseus)이기 때문이다. 그러나 이 전쟁은 본래 아테네에서 일어난 것은 아니다. 테세우스는 라피타이(Lapithai)족의 페이리토오스(Peirithoos)의 결혼식에 초대받아 테살리아로 갔다. 그런데 여기에는 반인반마인 켄타우로스족도 초대되어 왔다. 점차 밤은 깊어가고 술에 취해가면서 켄타우로스족 중에 하나가 페이리토오스의 신부인 히포다메이아(Hippodameia)를 납치하려 했다. 그래서 서로 격렬한 몸싸움이 일어나 참혹한 피바람이 몰아쳤다. 테세우스는 페이리토오스를 도와 켄타우로스족을 완전히 몰아내는 데 공헌한다.

셋째, 서쪽 메토프에 묘사되어 있는 인간들과 아마조네스(Amazones)의 전쟁도 아테네인들에게 의미있는 전쟁이라 할 수 있다. 여기에도 테세우스가 맹활약을 하고 있다. 아마조네스는 전설적인 여성전사들을 말한다. 그들은 활을 쏘기 위해 오른쪽 가슴을 베어내었다고 해서 '가슴이 없는 자들'을 의미하는 아마조네스라 불린다. 테세우스는 아마조네스의 나라에서 여왕 히폴뤼테(Hippolyte, 안티오페(Antiope)라고도 함)를 데리고 왔다. 그러나 아마조네스는 자신들의 명예를 회복하기 위해 흑해 연안으로부터 말을 타고 아테네까지 공격해왔다.

이때 아테네의 아크로폴리스는 아마조네스에 의해 포위되었지만, 결국 테세우스가 아테네인들에게 승리를 가져다 주었다. 아테네인들은 아크로폴리스까지 몰렸던 긴박한 아마조네스와의 전쟁을 잊지 못하였을 것이다.

넷째, 북쪽 메토프에 묘사되어 있는 트로이 전쟁이다. 이 전쟁은 그리스 전역에서 동맹군이 결성되어 트로이를 공격한 사건으로 비록 아테네가 중심이 되지는 않았지만 아테네인들에게는 결코 잊지 못할 전쟁이었다. 고대 그리스에서 가장 아름답다고 명성이 드높던 스파르타의 왕비 헬레네는 트로이 왕자 파리스를 만나 남편과 아이를 버리고 트로이로 도망을 간다. 이 사건은 수많은 인명과 재산이 손실된 엄청난 규모의 트로이 전쟁이 일어나는 발단이 되었다. 여기서 아테네인들이 사랑하는 아테나 여신은 전쟁의 여신으로서 가장 강력한 힘을 발휘하였다. 그녀는 그리스의 수많은 영웅들을 보호하고 승리를 이끌었다. 아테나 앞에서는 전쟁의 신 아레스도 쓰러져버리고 사랑의 여신 아프로디테도 도망칠 수밖에 없었다. 심지어 제우스마저도 아테나의 심기를 불편하게 할까봐 전전긍긍하는 모습을 보인다. 아테나 여신의 영광은 바로 아테네인들의 영광이었다.

그 외에도 아테네인들은 파르테논 신전의 프리즈에 자신들의 삶에서 가장 중요한 종교적 제전인 판아테나이아 제전과 관련된 주요 장면들을 그려냈다. 그것은 신들의 이야기도 아니고 영웅들의 이야기도 아니며, 바로 아테네인 자신들의 이

희생 제물로 바칠 소를 끌고 가는 청년.

아기였다. 아테나 여신의 보호를 받는 아테네인들에게 아테나 여신을 기리는 판아테나이아 제전은 가장 중요한 종교적 의식이었다. 아테네인들은 파르테논 신전에 자신들의 모든 것을 기록하려 했다. 신전 자체가 바로 아테네인들의 살아 있는 역사인 것이다. 그러나 이제 그것은 더 이상 아테네인들의 것도 아니고 그리스인들의 것도 아니다. 파르테논 신전의 수많은 박공벽과 메토프 및 프리즈는 물론이고 아테나 니케 신전의 프리즈 조각에다 심지어 파르테논 신전 옆에 있는 에레크테이온의 카뤼아데스 기둥까지도 뽑혀졌다. 그것들은 대부분 밀반출되어 현재는 대영박물관에 소장되어 있다.

아크로폴리스에 있는 신전들은 기원전 6세기 페이시스트라토스 시절부터 지어지기 시작했다. 그러나 기원전 480년경 페르시아 전쟁 때 파괴되고 약탈당했다가 아테네인들이 살라미스 해전에서 페르시아에게 승리를 거둔 후 훨씬 더 화려하고 장엄하게 파르테논 신전을 재건하였다. 새로운 파르테논 신전은 페리클레스(Perikles)에 의해 기원전 447년에서부터 432년까지 약 15년에 걸쳐 완성되었다. 그는 신전의 신상들과 장식의 제작을 페이디아스에게 맡겼으며, 신전의 설계는 건축가 익티노스(Iktinos)에게 맡겼다.

파르테논 신전은 그후 2,100년 동안 아크로폴리스를 지켜왔다. 그렇지만 비잔틴 제국과 오스만투르크 제국에 의해 때로는 그리스정교 교회로, 때로는 이슬람 사원으로도 사용되는 등 파란만장한 세월을 보냈다. 하지만 신의 힘도 인간의 폭격 앞에서 결국 무릎을 꿇고 마는가! 오스만투르크 제국에 지배받던 1697년에 아테네를 공격하는 베네치아군이 당시 터키인들이 요새로 사용하던 아크로폴리스에 대포를 쏘았다. 수많은 세월동안 아크로폴리스를 지켜왔던 파르테논 신전은 한순간에 기둥들이 뽑혀나가면서 내부가 완전히 파괴되어버렸다. 파르테논은 전쟁에 의해 거의 파괴되었고, 다시는 부활하지 못하였다. 그러나 파르테논은 아직도 일부나마 영원한 아름다움을 우리에게 선사하고 있다.

에레크테이온, 아테네 도시국가의 탄생을 지켜보다

아크로폴리스의 입구 오른쪽에 있는 파르테논 신전에서 왼

에레크테이온.

쪽으로 고개를 돌리면 특이한 형태의 건물이 눈에 들어온다. 아름답고 우아한 여성들이 기둥 형태로 지붕을 이고 있는 이 건물은 꽉 막힌 듯한 외벽으로부터 불쑥 돌출되어 부조화스러운 느낌을 자아낸다. 그 앞으로는 흔적을 알 수 없이 무너져 있는 돌 잔해들이 심상치 않게 널려 있다. 모든 폐허는 이상한 경계심을 불러일으킨다. 동쪽으로 돌아가면 이오니아 양식의 기둥이 서 있는 신전의 모습이 눈에 들어오나 파르테논 신전에 비하면 협소하기 그지없다. 더욱이 동쪽과 서쪽만 기둥으로 되어 있고 남쪽과 북쪽은 마치 대충 급하게 막아놓은 외벽의 형태로 되어 있다. 조금 더 돌아서면 북쪽에 또 하나의 건물이 다른 건물보다 낮은 곳에 연결되어 세워져 있다. 도대체 이 이상한 건물들은 무엇인가? 그것은 흔히 에레크테이온(Erechtheion)이라 불리는 복합적 건물이다.

아테나 여신의 올리브 나무

우선 파르테논 신전과 에레크테이온 사이에 남아 있는 폐허로부터 출발하자. 그곳은 원래 아테나 폴리아스(Athena Polias), 즉 도시국가의 수호신 아테나를 모시는 신전이었다. 크세르크세스 왕이 이끄는 페르시아 군대가 기원전 480년경에 아테네에 물밀듯이 밀려들어왔을 때 아크로폴리스를 보호할 아테네인들은 이미 피신하였고 아테나 신전은 파괴되었다. 아테네인들이 페르시아 전쟁에서 승리한 후 아테나 폴리아스 신전을 임시로 복구하기는 하였지만 나중에 새로운 신전을 지었다. 그것이 바로 지금의 에레크테이온 안에 있는 아테나 폴리아스 신전이다. 에레크테이온은 아테나 폴리아스 신전은 물론이고 아테나와 경쟁한 포세이돈 신전과 아테네의 건국 시조인 에레크테우스 또는 에리크토니오스 성소를 통합하여 지칭하는 장소이다. 아테나 폴리아스 신전은 모두 세 부분으로 되어 있는 에레크테이온의 중앙을 차지하고 있다. 아테나 폴리아스 신전 안에는 아테나 여신의 목상이 안치되었다고 하는데 지금은 온데간데없다.

아테네라는 도시를 두고 포세이돈이 아테나 여신과 경쟁한 사실은 유명하다.[2] 앞에서도 잠시 언급했지만 아테나 여신은 최초의 올리브 나무가 솟아나도록 했고, 포세이돈은 소금샘이 솟아오르도록 했다. 우리는 누가 승리하였는지를 이미 알고 있다. 그런데 그 당시 이 두 신들의 싸움에서 과연 어느쪽이 승리할 것인지를 누가 판단할 수 있었을까? 바로 아테네

왕인 케크롭스(Kekrops)였다. 그는 아테나 여신에게 승리를 돌렸다. 그러나 다른 전승에 따르면 이와 같은 신들의 경쟁을 인간이 감히 결정할 수 없다고 생각했던 사람들은 케크롭스를 단순히 증인으로 삼고, 신들을 심판관으로 삼았다. 신들의 투표가 둘로 똑같이 갈라졌으나 제우스가 자신의 딸을 위해 결정적인 표를 던져 결국 아테나가 승리하였다는 것이다.

아테네인들은 이 신화적 사건을 에레크테이온에 남겼다. 아테네 폴리아스 신전 서쪽 벽 앞에 아테나 여신의 올리브 나무가 자라고 있다. 그렇지만 아무도 이 올리브 나무가 신화 속에서 아테나가 솟아나게 한 나무라고 생각하지는 않을 것이다. 이미 몇 천 년이나 된 나무이고, 그것은 단지 상징적인 의미로 자라고 있을 뿐이다. 포세이돈 신전 안에는 포세이돈이 삼지창으로 찍은 자국이 남아 있다. 포세이돈은 비록 아테나 여신에게 패배하여 수호신이 되지는 못하였지만 여전히 아테네인들에게 중요한 신이다. 아테네는 해군력으로 페르시아 전쟁에서 승리하였고 해상 무역을 통해 발전하였기 때문이다. 몇 년전 아테네에 큰 지진이 일어나 외곽 지역에 많은 피해가 발생하였다. 호메로스의 『일리아스』를 보면 포세이돈을 '대지를 흔드는 통치자'로 부르고 있다.[3] 지진이 대지의 깊은 곳에 있는 물로부터 일어났다고 생각했기 때문이다. 지진에도 불구하고 아크로폴리스가 아무런 영향을 받지 않은 것을 보면 포세이돈이 자신의 신전을 보호한 때문일까.

아테네인들, 케크롭스의 후예들

아테나 여신과 포세이돈 신이 아테네를 두고 경쟁할 때 지켜보던 케크롭스라는 인물을 주목해볼 필요가 있다.[4] 그는 땅에서 솟아 나왔으며 하체가 뱀의 형태로 된 존재로 아테나 여신에 의해 보살핌을 받은 최초의 아테네 왕이다. 케크롭스는 아테네의 문화와 관습의 기원과 관련된 많은 사건의 주인공이다. 가령 그는 땅 속에 죽은 자를 매장하는 관습과 관련되어 있다.[5] 그 자신이 땅에서 솟아 나왔으니 땅으로 돌아가는 것이 자연스럽다고 생각했을 수 있다. 죽은 자는 매장을 통해 대지의 어머니 가이아 여신의 가슴속에 눕게 된다. 그러나 죽은 자의 공간은 단지 무덤으로 사용되지 않고 다시 산 자의 공간으로 환원되었다. 곡물의 씨를 뿌리고 다시 곡물이 맺으면 수확하는 방식으로 말이다.

아테네에 최초로 결혼 제도를 만들어 남자와 여자가 법적으로 결혼을 통해 자식을 낳도록 한 인물도 케크롭스였다. 고대 아테네에서는 남자와 여자가 동등한 권리를 갖고 있었다. 그러나 도시국가로 성립되면서 가부장적인 특성을 갖게 된다. 아테네에는 도시국가의 탄생과 더불어 가부장제의 확립에 대한 흥미로운 신화가 남아 있다.[6] 그것은 아테나와 포세이돈의 경쟁을 앞에서 얘기한 것과는 또 다른 방식으로 변형시켜 말하고 있다. 케크롭스가 지배하던 시절에 올리브 나무와 샘이 동시에 솟아났다. 신탁에 의하면 올리브 나무는 아테나 여신을 상징하고 샘은 포세이돈을 상징하였다. 아테네인들은 이

두 명의 신들 중 하나의 이름을 따서 도시 이름을 정하기로 하였다. 당시에 아테네에서는 남자와 여자가 모두 선거권을 가지고 있어 함께 투표하였는데 한 표 차이로 여자들이 지지하던 아테나 여신이 승리하였다.

그러자 포세이돈이 매우 진노하여 바다를 범람시켰다. 아테네의 여인들은 포세이돈을 달래기 위해 할 수 없이 자신들의 선거권을 포기해야 했다. 더욱이 이때부터 그들의 자식들도 어머니의 성이 아닌 아버지의 성을 물려받게 되었다. 이 신화는 고대 아테네의 정치 제도를 정당화하는 수단으로 사용되었다. 실제로 그리스 여인들은 오랜 세월 동안 선거권을 가지지 못했다. 신화의 시대를 지나 철학의 시대에 들어섰지만 아리스토텔레스는 여전히 여성을 '불구인 남성'이라 정의하며 이성적 능력이 결여되어 있다고 생각했다. 이러한 주장은 단지 그리스의 아테네에만 국한되었던 것이 아니라 근대 사회에 이르기까지 수많은 세월 동안 수많은 여성에게 족쇄를 채웠다.

아테네 최초의 전설적인 왕 케크롭스는 아크로폴리스에 묻혀 있다. 그러나 그것은 엄밀히 무덤의 형태를 갖고 있지 않다. 아크로폴리스의 관문인 프로필라이아를 빠져나와 왼쪽을 보면 인상 깊은 건물 아래에 케크롭스의 무덤이 위치해 있다. 흔히 카뤼아데스라 불리는 아름다운 소녀의 모습을 한 여섯 개의 기둥들이 있는 건물이 바로 케크로피온(Kekropion)이다. 이 유명한 카뤼아데스 기둥은 헬레니즘 시대와 로마 시대에 많은 건축물에 적용되었다. 현재 에레크테이온에 있는 총 6개의 카뤼아데스 기둥들은 모두 모조품이다. 진본들 중에서 5개가 아크로폴리스 박물관에 있는데 4개만 진열되었고 1개는 심하게 파손되어 보관중이다. 나머지 1개는 밀반출되어 대영박물관에서 전시되고 있다.

에리크토니오스 탄생의 비밀

그런데 왜 아크로폴리스의 서쪽 성역을 에레크테이온이라 불렀을까? 어느 이름에서 유래되었는가? 고대 아테네인들은 최초의 왕의 이름을 따서 자신들을 케크로피다이(Kekropidai) 라고 부르기도 하였으나, 또 다른 왕이자 영웅의 이름을 따서 에레크테이다이(Erechtheidai)라고도 불렀다.[7] 여기에 등장하는 에레크테우스(Erechtheus)는 누구인가? 사실 그는 다른 이름으로 불리는 존재와 자주 동일시된다. 더욱이 모든 전승이 일치하지 않기 때문에 아테네 최초의 왕가의 계보에 대해 혼선이 빚어진다. 에레크테우스와 혼동되는 신적인 인물은 바로 에리크토니오스(Erichthonios)이다. 그는 독특한 방식의 탄생 설화를 가지고 있다. 그것은 아테나 여신에 대한 헤파이스토스 신의 일방적인 사랑과 연관이 있다.

헤파이스토스는 아테나 여신과 비슷한 영역의 기능을 한다. 때로는 아테나가 기술의 여신으로서 헤파이스토스와 함께 일을 하는 것으로도 말해진다. 그런데 이 헤파이스토스가 아테나를 사랑하게 되어 쫓아다니며 덮치려 했다. 그러나 아테나 여신은 전쟁의 신 아레스마저 공격하여 상처를 입히는 강력한

힘을 가진 여신이었다. 아테나가 헤파이스토스를 밀쳐내는 것
은 쉬운 일이었다. 그러나 서로 실랑이를 벌이는 과정에서 헤
파이스토스는 아테나의 다리에 정액을 흘렸다.[8] 냉담한 아테
나 여신은 아무렇지도 않게 양털로 정액을 닦아내어 땅에 버
렸다. 그러나 대지의 여신 가이아가 그것을 받아 아이를 낳아
아테나에게 주었다. 그리스어로 양털은 에리온(erion)이고 땅은
크톤(chthon)이라서 땅에서 태어난 아이는 에리크토니오스라
불렸다고 한다. 또는 헤파이스토스와 아테나가 서로 싸움(eris)
을 벌여 에리-크토니오스라 불렸다고도 한다.[9]

아테나 여신은 가이아 여신으로부터 받은 헤파이스토스의
아들 에리크토니오스를 다른 신들이 알지 못하도록 몰래 키우
려 했다.[10] 그래서 아이를 밀폐된 바구니에 넣고 케크롭스의
세 딸에게 맡기며 절대로 열지 말도록 명령했다. 그러나 호기
심이 발동한 두 명
의 딸은 아테나 여
신이 가버리자 바구
니를 열어보았다. 그
들이 본 것은 한 마
리 뱀이었다고도 하
고, 또는 두 마리 뱀
을 보호하는 아이나
뱀의 발을 가진 아이
였다고도 한다. 아이

파르테논 신전의 뒤쪽에 보이는 뤼카베토스 언덕.

의 비밀을 알아낸 케크롭스의 딸들은 미쳐버렸고 결국 아크로폴리스에서 뛰어 내려 죽었다. 아테나 여신은 이 사실을 미처 모른 채 케크롭스의 성채를 쌓기 위해 커다란 바위를 가지고 오는 중이었다.

그때 아테나가 총애하던 까마귀가 날아와 케크롭스의 딸이 비밀을 지키지 못한 사실을 알렸다. 아테나는 분노하여 들고 있던 거대한 바위를 그 까마귀에게 떨어뜨렸다.[11] 그 바위가 떨어진 곳을 뤼카베토스(Lykabettos, 혹은 리카비토스) 언덕이라 부른다. 지금도 아테네에 가보면 아크로폴리스보다 더 높은 언덕이 뒤편에 뾰쪽 올라와 있다. 여기에는 케이블카가 설치되어 아테네 시내를 한눈에 바라볼 수 있다. 지금은 비록 뤼카베토스가 아테네에서 가장 높은 곳이지만 도시의 가장 높은 곳을 의미하는 아크로폴리스라는 이름은 파르테논 신전이 서 있는 장소에 붙여져 있다. 그런데 애꿎게도 아테나의 진노를 샀던 그 까마귀는 어떻게 되었을까? 그후로 불쌍한 까마귀는 아테나의 총애를 완전히 잃어버리고, 아크로폴리스에서 다시는 볼 수 없게 되었다고 한다. 이때부터 우리가 아테나 여신의 대표적인 상징 동물로 알고 있는 올빼미가 아테나의 사랑을 받게 되었다.

에레크테우스와 아테네의 왕들

에레크테이온의 기원은 분명히 에레크테우스라는 왕이자 영웅의 이름에서 비롯되었다. 호메로스는 아테네를 말할 때

에레크테우스의 땅이라고 말하며, 에레크테우스는 대지의 여신에 의해 태어나 아테나 여신에 의해 양육되었다고 한다.[12] 이것은 에리크토니오스의 탄생 설화와 거의 동일하다. 일반적으로 에리크토니오스는 아테네의 세 번째 왕이라 하며 판아테나이아 축제와 다른 큰 아테네의 축제들의 토대를 마련했다고 한다. 또한 아테나 폴리아스 신전을 지어 여신의 목상을 만들어 모신 것으로 보인다.[13] 에리크토니오스 자신도 바로 아테나 폴리아스 신전 안에 묻혔다고 한다.

그러나 에레크테우스라는 이름으로 말해지는 아주 영웅적인 이야기가 나온다. 고대 그리스의 비극 작가 에우리피데스(Euripides)는 『에레크테우스』라는 작품을 통해 에레크테우스 왕과 관련된 비극적 이야기를 전해주고 있다. 유명한 에우몰포스라는 영웅적 인물이 트라케의 부대를 이끌고 아테네로 진군해오자, 에레크테우스 왕은 다급하게 델포이 신전에 신탁을 구했다. 그러자 아테네가 승리하기 위해서는 에레크테우스의 딸을 하나 희생 제물로 바쳐야 한다는 신탁이 내렸다. 에레크테우스 왕은 고민하였으나 딸 하나를 희생시키기로 결정했다. 그러나 에레크테우스의 딸들은 자신들 중의 한 명이 죽는다면 모두 함께 죽자고 맹세했다.[14] 결국 한 명이 희생 제물이 되어 죽자 다른 딸들도 모두 자살하였다. 불운한 에레크테우스는 자식을 희생시킨 대가로 에우몰포스를 죽이고 승리하지만 제우스의 번개에 의해 죽는 운명을 맞이하였다.[15] 아테네의 왕들의 계보는 매우 복잡하다. 일반적으로 에레크테우스의 아들

들 가운데 제2의 케크롭스가 있었는데 아이게우스(Aigeus) 왕
이 그의 손자였다. 아이게우스는 바로 아테네가 낳은 진정한
영웅 테세우스의 아버지였다.

제우스 신전, 위대한 여신의 아버지를 만나다

아테네에서 가장 큰 신전

아테네에는 아크로폴리스를 둘러싸고 있는 또 다른 신전들
이 있다. 아크로폴리스의 파르테논 신전 정면 쪽에서 가장자
리를 향해 쭉 걸어 나가면 아테네 시내를 내려다볼 수 있는
전망대가 있다. 여기서 오른쪽 아래로 내려다보면 신전 터가
하나 보인다. 얼른 보기에 아무 것도 없는 평지에 덩그러니 기
둥들 몇 개만 남아 있을 뿐이다. 이곳이 바로 아테나 여신의
아버지인 제우스 신전이다. 파르테논 신전에서 내려다보이는
제우스 신전은 높은 언덕 아래에 있는 평지에 세워졌기 때문
에 상대적으로 위축되어 보인다. 실제로 아크로폴리스에 세워
진 아테나 신전에 비한다면 여러 가지 측면에서 비교가 될 수
가 없다.

그러나 막상 아크로폴리스를 내려가 제우스 신전의 성역에
들어서면 우리가 예상했던 것보다 훨씬 크고 넓어 보이는 장
소에 자리 잡고 있는 것을 알 수 있다. 현대적인 건물이 주변
을 둘러싸고 있기 때문에 파르테논보다는 신성한 기운을 느끼
기 어렵지만 하늘을 향해 바라보면 화려하고 장대한 모습이

들어온다. 실제로 제우스 신전은 파르테논 신전보다 비교가 안 될 정도로 훨씬 크다. 파르테논 신전의 기둥들이 총 46개 였다면 제우스 신전의 기둥들은 104개나 되었다. 또한 파르테 논의 기둥 높이가 11m인데 비해 제우스 신전의 기둥 높이는 17m나 되었다. 현재 남아 있는 기둥은 총 104개 중에서 16개 뿐이지만 그 장엄하고 웅대한 모습을 추측하는 데는 부족함이 없다.

아크로폴리스의 파르테논 신전이 아주 단순한 형태의 도리 아 양식의 기둥을 사용한 데 비해 제우스 신전은 아주 화려한 코린트 양식의 기둥을 사용했다. 이것은 파르테논 신전보다 훨씬 이후에 세워졌다는 사실을 알려준다. 제우스 신전은 기 원전 515년경에 세워지기 시작하였지만 얼마 되지 않아 중단 된 후에는 사람들의 관심을 끌지 못했다. 그러다가 거의 340 년이 지난 후인 기원전 174년에 이르러서야 다시 세워지기 시 작했다. 그러나 후원자가 죽자 다시 공사가 중단되어 또다시 300년이 지난 후인 기원후 132년에 로마 황제 하드리아누스 에 의해 완공되었다. 장장 650년간에 걸친 대공사였다. 하지 만 조금만 생각해보면 아테나 여신에 비해 제우스 신이 아테 네에서는 찬밥 신세였다는 것을 유추할 수 있다. 아테네의 찬 란했던 시절이 모두 지나고 헬레니즘 시대에 이르러서야 겨우 로마 황제에 의해 신전이 완공된 것이 아닌가! 아테네인들은 참으로 무심하기도 하다.

제우스의 머리와 아테나 여신의 탄생 신화

제우스 신전 정면 쪽에서 약간 하늘을 향해 쳐다보면 아름다운 파르테논 신전이 비스듬히 보인다. 호메로스의 『일리아스』에 보면 제우스는 늘 아테나가 마음이 상하지 않도록 배려하는 모습을 보인다. 트로이 전쟁에서 트로이 편을 들었던 아레스는 아테나의 공격을 받고 상처를 입자 제우스에게 아테나를 너무 귀여워하니까 다른 신들에게 함부로 한다고 불평을 터트린다. 이처럼 제우스는 낮은 곳에서 위엄을 지키며 멀리 아테나 여신이 강력한 능력을 발휘하는 것을 즐기고 있는지도 모른다.

그리스 신화에서 유일하게 아버지로부터 태어난 자식이라 불리는 존재가 아테나 여신이다. 아테나는 아버지의 딸이라고 한다. 물론 아테나에게도 어머니는 있다. 그녀는 신들과 인간들 중에서 가장 지혜로운 메티스 여신이다. 메티스 여신은 제우스의 첫 번째 부인이라 말해진다. 그러나 제우스는 메티스가 낳을 자식에 의해 자신의 왕권을 빼앗길까 두려웠다. 그래서 아예 임신한 메티스를 통째로 삼켜버리고 만다.16) 그 후로 메티스는 제우스의 뱃속에서 현명한 충고와 조언을 하였다고 한다. 그러나 메티스가 임신한 아이는 어떻게 되었나? 메티스가 제우스 뱃속에서 낳은 아이는 제우스의 몸에서 빠져나오기 위해 머리를 공략한 것으로 보인다. 제우스는 트리톤 강가에서 갑자기 머리가 아파 고통을 호소했다. 마침 헤파이스토스가 도끼를 들고 와서 제우스의 머리를 가르자 아테나가 황금 무장을 하고 태어났다. 아테나가 탄생하는 순간에 하늘과 땅 그리고 바다가 심하게 흔들리고 범람하였으며 태양이 멈추었다.

제우스는 아테나의 탄생을 매우 기뻐했다. 아테나는 분명히 올림포스 신들 가운데 제우스에 이은 제2인자의 위치를 차지한 것으로 보인다.[17] 아테나 여신은 다른 남신에 못지않은 훨씬 강력한 존재였다. 제우스가 특별히 아테나를 사랑한 것은 분명해 보인다. 호메로스의 『일리아스』를 보면 아테나는 아버지 제우스에 순종하지만 도리어 제우스가 아테나의 눈치를 보는 상황도 나타난다. 제우스는 항상 아테나의 마음을 먼저 알고 아테나가 원하는 대로 하도록 허락한다. 가령 제우스가 아킬레우스에게 쫓겨 트로이 성벽을 세 바퀴나 도는 헥토르를 보고 불쌍히 여겨 그를 죽음에서 구할까 말까 고민하는 장면이 나온다. 그러나 아테나가 어차피 죽을 운명을 가진 인간을 다시 구하려는 것에 비난을 퍼붓자 제우스는 얼른 아테나에게 상냥하게 대하며 마음대로 하라고 말한다.

안심해라, 트리토게네이아여, 내 딸이여, 내 진심에서 그렇게 말한 것은 아니며, 너에게는 상냥하게 대해주고 싶구나. 그러니 네가 좋을 대로 하고 더 이상 주저하지 말아라.
『일리아스』(22.183-185).

비록 올림포스 신화에서 아테나가 아버지 제우스에게 종속

되어 있지만, 모든 그리스인들이 아테나보다 제우스를 더 사랑했던 것은 아니다. 그녀는 제우스에 비해 훨씬 다양한 능력들을 가졌으며 인간들에게도 비교적 우호적이었다. 따라서 많은 그리스인들이 오히려 아테나를 사랑하였다. 특히 아테네인들은 훨씬 더 아테나를 사랑하였다. 그들은 자신들의 도시를 아테나에게 헌정한 것이다.

아테네 정치의 숲으로 들어가기

헤파이스토스 신전, 새로운 영웅의 탄생을 축복하다

아테네의 시조 헤파이스토스

아크로폴리스의 동쪽에서 아고라 쪽을 내려다보면 왼편으로 아주 단정하게 보이는 신전 하나가 보인다. 헤파이스토스 신전으로, 아테네에 남아 있는 다른 신전들에 비하면 거의 대부분의 기둥들이 온전하게 보존되어 있다. 파르테논 신전을 비롯한 다른 모든 신전과 마찬가지로 헤파이스토스 신전도 동쪽이 정면이다. 신전의 동쪽 박공벽에는 켄타우로스와의 전쟁이 묘사되었고, 서쪽 박공벽에는 트로이 전쟁이 묘사되어 있다. 나아가 신전 외부의 메토프에는 테세우스와 헤라클레스의 업적이 묘사되어 있으며, 내부의 프리즈에도 테세우스의 업적이 묘사되어 있다. 이와 같이 이 신전은 전반적으로 박공벽은 물론이고 메토프와 프리즈까지 거의 테세우스의 모험과 업적을 기리는 데 주력하고 있다. 그래서 한때 테세우스의 영웅 사당으로 생각되어 테세이온(Theseion)이라 불렀다. 그러나 이 신전 부근이 발굴 도중 대부분 청동이나 철을 가지고 물건을 만드는 작업장이었다는 사실이 밝혀지면서 대장장이의 신 헤파이스토스의 신전이라는 것이 밝혀졌다.

사실 헤파이스토스 신은 아테네인들의 진정한 아버지 신이라 할 수 있다. 에레크테이온 신전과 관련된 신화를 보더라도 아테네인들의 기원은 실질적으로는 아테나보다는 헤파이스토스와 훨씬 밀접하다. 비록 아테네인들이 아테나 여신을 자신들의 수호신으로 숭배했을지라도 헤파이스토스 신을 무시할 수는 없었을 것이다. 아테나 여신의 파르테논 신전에서 볼 때 헤파이스토스 신전은 그리 멀지 않은 곳에 세워져 있다. 그러나 아테네인들이 파르테논 신전에 유명한 건축가와 조각가를 동원하여 온갖 정성을 기울인 것에 비하면 헤파이스토스 신전은 장식물이나 유물들을 볼 때 상당히 소박해 보인다. 더욱이 아고라 한 쪽에 떨어져서 푸른 들판에 머물러 있어 오히려 고요함과 적막감이 맴돌기도 한다. 파르테논 신전 앞에 몰려들어 사진을 찍는 수많은 사람들에 비하면 헤파이스토스 신전에는 사람들이 별로 찾지 않는 편이다. 현재의 아고라는 거의 남아 있는 것이 없는데도 불구하고 거의 유일하게 헤파이스토스 신전이 온전하게 보존되어 있는 것은 신기할 정도이다. 헤파이스토스 신과 같이 별로 사람들의 주목을 받지 않았던 것이 오히려 헤파이스토스 신전이 여전히 살아남아 있을 수 있었던 비결이 아닐까.

영웅 테세우스의 탄생과 모험

아테네인들이 헤파이스토스 신전에 테세우스의 영웅모험담을 안팎으로 묘사한 데에는 이유가 있다. 고대 그리스의 영웅들 가운데 아테네 출신인 영웅들은 별로 없다. 테세우스만이 아테네의 유일무이한 영웅이었다. 테세우스의 인간 아버지는 바로 늙은 아이게우스였다. 아이게우스는 아내가 둘이나 있었지만 자식이 없었다. 다급해진 그는 직접 델포이로 가서 신탁을 구했다. 그러자 "아테네로 갈 때까지 포도주 부대의 마개를 열지 말라."는 엉뚱한 신탁을 얻는다.[18] 이 말을 이해할 수 없었던 아이게우스는 델포이에서 곧장 아테네로 가지 않고 펠로폰네소스 반도에 있는 트로이젠(Troizen)으로 가서 현명한 피테우스(Pittheus)에게 조언을 구했다. 트로이젠은 아테네에서 보면 바다 건너편에 있는 펠로폰네소스 반도의 남동쪽에 있었다.

트로이젠의 왕 피테우스는 델포이 신탁의 의미를 금방 알아챘다. 아이게우스에게 포도주를 잔뜩 마시게 하고는 자신의 딸 아이트라(Aithra)를 침실에 들여보냈다.[19] 그러나 이날 밤 아이트라는 아테나 여신에게 속아 포세이돈과도 함께 잠을 잤다. 그래서 테세우스는 다른 영웅들처럼 아이게우스를 인간 아버지로, 포세이돈을 신적 아버지로 갖고 있다. 아이게우스는 트로이젠을 떠나면서 아이트라에게 징표로서 칼과 신발을 남겨주었다. 이후 아이트라는 아들을 낳았는데 테세우스라 불렀다. 테세우스가 성장하자 아이트라는 아이게우스가 남긴 징표가 있던 곳으로 가서 커다란 돌을 굴려버리게 만든 후 아들에게 아테네로 아버지를 찾아가라고 말하였다. 테세우스는 아버지의 칼을 차고 신발을 신고 걸어서 아테네로 갔다. 수많은 모험을 겪은 후에 테세우스는 아버지 아이게우스를 만나게 된다.

그러나 아테네의 아이게우스 왕은 테세우스의 영웅적인 활약상을 미리 듣고 자신의 왕권을 위협하는 자일 것으로 오해를 하였다. 그래서 당시 아내였던 메데이아의 말을 듣고 테세우스에게 독약을 먹이려고 했다.[20] 그러나 아이게우스는 테세우스가 자신의 칼과 신발을 가진 것을 알아보고 독이 든 술을 먹지 못하도록 한다. 아이게우스는 드디어 아들을 알아보고는 서로 부둥켜안았다. 테세우스에 대한 아이게우스의 사랑은 유별났다. 당시 아테네는 크레테[크레타]의 미노스 왕에게 9년마다 14명의 소년들과 소녀들을 공물로 바쳤다. 테세우스는 이 소년소녀들과 함께 아이게우스의 배를 타고 크레테로 갔다. 미노스 왕은 아테네의 14명의 소년소녀들을 라뷔린토스에 있는 황소 머리를 가진 괴물 미노타우로스(Minotauros)에게 바쳤다. 테세우스는 다행히 미노스 왕의 딸 아리아드네(Ariadne)의 도움으로 라뷔린토스에 들어가 미노타우로스를 죽이고 돌아온다. 그리고 아리아드네와 함께 크레테를 떠나지만 아리아드네는 낙소스 섬에 남겨지고 나중에 디오뉘소스 신의 신부가 된다.

테세우스는 아테네로 돌아오는 길에 아폴론 신의 탄생지인 델로스(Delos) 섬으로 여행을 갔다.[21] 거기서 아폴론 신에게 희생제의를 바치고 아프로디테상을 세웠다. 다시 델로스 섬을 떠나 아테네로 향해 돌아가면서 테세우스는 아버지 아이게우스가 당부했던 것을 잊고 말았다. 그것은 만약 테세우스가 무사히 돌아오게 된다면 아테네를 출발할 때 달았던 검은 돛을 바꿔 달고 오라는 것이었다. 사랑하는 아들을 보낸 후에 아이게우스는 아크로폴리스에서 바다를 바라보며 배가 돌아오기를 기다렸다. 그러나 멀리서 보이는 배에 검은 돛이 그대로 달려 있는 것을 보고 아들이 죽었다는 슬픔에 아이게우스는 아크로폴리스에서 아래로 몸을 던졌다고 한다(또는 바다 속에 몸을 던졌다고도 함).[22] 이후에 테세우스가 검은 돛을 달고 항해하였던 슬픈 바다는 아버지 아이게우스 왕의 이름을 따서 에게 해라고 불렸다.

아테네 도시국가의 탄생

아테네로 돌아온 후 테세우스는 당시에 아티카(Attica) 지역의 여러 마을들을 통합하여 하나의 도시국가(Politeia)를 탄생시켰다. 테세우스는 이 도시에 아테나이(Athenai)라는 복수형 이름을 붙인 최초의 사람이라 말해진다.[23] 따라서 테세우스는 아테네라는 도시국가를 탄생시킨 인물로 아테네 최고의 영웅이다. 그는 고대 그리스의 최고 영웅 헤라클레스에 버금가는 탁월한 인물로 묘사되었다. 그는 수많은 괴물들과 싸웠을 뿐만 아니라 아마조네스와 싸웠고 지하세계도 다녀오는 등 전형적인 영웅의 행적을 따르고 있다.

그러나 테세우스의 말년은 별로 행복하지 않았다. 테세우스는 아마조네스의 나라에서 헤라클레스와 함께 싸우다 이 나라의 여왕 히폴뤼테를 데리고 아테네로 돌아온다. 그녀는 테세우스에게 아들을 한 명 낳아주는데 히폴뤼토스(Hippolytos)라고 불렀다. 그러던 중 아마조네스가 자신들의 여왕을 위해 흑해 연안으로부터 아테네로 쳐들어왔다. 그들은 아테네의 아크로폴리스 주변까지 몰려왔고 아테네는 위험에 빠졌다. 양쪽 군대는 약 4개월 동안 대치하고 있다가 결국은 평화조약을 맺게 된다. 그렇지만 이 전쟁 중에 히폴뤼토스의 어머니였던 히폴뤼테는 죽고 만다.

테세우스의 비극과 최후

그러나 테세우스의 비극은 이제부터 시작되었다. 그는 크레테의 미노스 왕이 죽은 후에 왕위를 물려받은 데우칼리온과 협정을 맺으며 미노스 왕의 딸이자 아리아드네의 동생인 파이드라(Phaidra)와 결혼하게 된다. 아직 젊었던 파이드라는 아테네에 와서 테세우스가 아닌 다른 남자를 사랑하게 되었다.[24] 그는 바로 테세우스의 아들 히폴뤼토스였다. 히폴뤼토스는 어머니가 죽고 테세우스의 외갓집이 있던 트로이젠에서 자랐다. 그는 아르테미스 여신만 숭배하고 다른 신들을 숭배하지 않았다. 특히 사랑의 여신 아프로디테에 대해서는 경멸을 표했다. 아프로디테는 복수를 결심하고 파이드라를 희생물로 삼아 의붓아들 히폴뤼토스를 사랑하게 만들었다. 파이드라는 히폴뤼토스에 대한 사랑으로 번민하다가 히폴뤼토스에게 모욕을 당하자 자살하고 만다. 그녀는 히폴뤼토스가 자신을 더럽히려 했다는 유서를 남겼고, 테세우스는 진노하여 영문도 모르는 히폴뤼토스를 저주하였다. 결국 히폴뤼토스는 포세이돈에 의해 죽음을 당한다. 나중에야 테세우스는 사건의 전말을 알게 되고 아들의 죽음에 절규한다.

말년에 테세우스는 아티카를 떠나야만 했고 스퀴로스 섬에서 외로이 죽었다고 한다. 그러나 그는 아테네 최고의 영웅이었다. 아테네를 아테네로 불리게 하였던 인물이며 아테네인들을 아테네인들로 불리게 하였던 인물이다. 그리하여 테세우스는 아테네인들에게는 잊혀질 수 없는 영웅이다. 그들은 아고라에 있는 헤파이스토스 신전 전체를 테세우스의 영웅적인 업적을 기리는 데 사용하였다. 그러나 그것은 단지 헤파이스토스 신전에만 국한되지 않았다. 우리가 이미 살펴보았듯이 파르테논 신전의 메토프도 테세우스가 친구 페이리토오스와 함께 켄타우로스족과 전쟁을 벌인 이야기와 아마조네스와 전쟁을 벌인 이야기를 묘사하고 있다. 아테네의 역사는 아테나 여신과 인간 영웅 테세우스의 모험담과 함께 한다.

아레오파고스, 죽음의 법정을 올라가다

아레오파고스와 귀족 정치

사실 아크로폴리스에서 내려와 아고라에 있는 헤파이스토스 신전으로 가는 길목에서 우리는 조그마한 언덕을 하나 발견할 수 있다. 얼른 보기에도 아무 것도 자라지 않는 흉물스러운 바위산은 유서 깊은 아레오파고스(Areopagos, 또는 아레이오스파고스)이다. 그것은 아레스 신의 언덕이라는 뜻으로 아레스 신에서 유래되었다. 아레스 신에게는 알키페(Alkippe)라는 딸이 하나 있었다. 그런데 포세이돈의 아들인 할리로티오스(Halirrothios)가 아스클레피오스의 샘 근처에서 알키페를 납치하려 했다. 아레스는 자신의 딸을 납치하려 했던 할리로티오스를 살해했다. 포세이돈은 아들을 살해한 아레스를 신들의 법정에 고발했다. 이에 신들은 후에 아레스의 언덕이라 불려진 아레오파고스에 모였다고 한다.

아레오파고스는 아테네에서 가장 오래되고 유서 깊은 법정이었다. 여기서 살인이나 살인할 의도로 입힌 상해, 방화, 독살 등과 관련된 재판이 이루어졌다. 살인을 저지른 경우에는 대부분은 사형이 언도되고 상해를 입힌 경우에는 재산 몰수나 유배가 선고되었다. 또한 아레오파고스에서 아테네의 중요한 정치제도들 중의 하나인 아레오파고스회가 유래되었다. 아테네는 임기 1년의 아르콘(행정관)들에 의해 통치되었다. 그들은 아테네의 모든 시민에 의해 일정한 재산을 가진 귀족들 가운데서 선출되었다. 아르콘들은 1년 동안 통치를 한 후 임기가 끝나면 아레오파고스회의 의원이 되었다. 그것은 로마의 원로원과 비슷한 매우 긴밀하고 강력한 단체가 되었다. 당시의 개혁적인 정치가였던 솔론은 정치와 경제 개혁을 하면서 아레오파고스는 간섭하지 않았지만 페리클레스 이후로 아레오파고스는 그 권한이 약화되었다.

솔론의 개혁과 민주제의 발판

아레오파고스회는 궁극적으로 귀족주의에서 출발하였다. 그러나 솔론에 의해 일정한 재산을 가진 사람은 누구나 아레오파고스 회원이 될 수 있게 규정되었다. 더욱이 솔론은 단지 귀족뿐만 아니라 일반 시민도 각종 범죄가 발생했을 때 누구나 범죄의 피해자를 대신하여 범죄자를 고발할 수 있도록 했다. 더욱이 부당한 판결을 받았다고 생각하는 사람은 누구나 민회에 상소할 수 있는 권리도 부여하였다.[25] 이것은 일반 시민들에게 상당한 권한을 부여해주는 제도였다. 솔론의 정치적 개혁은 진정한 민주제로 나아가는 중요한 발판을 마련하였다. 그렇지만 그것은 단지 일반 남자 시민에게만 해당될 뿐이며 여자와 노예에게는 해당되지 않았다. 이것은 아테네 이후로 근대에 이르기까지 계속되었다. 따라서 여자와 노예가 여전히 시민으로서 아무런 권한을 가지지 못했기 때문에 아테네에는 진정한 민주제가 있었던 적이 없다고 보다 강력하게 말하는 사람도 있다. 솔론에 대해 좀더 얘기해보자.

솔론은 아테네의 정치 개혁뿐만 아니라 경제 개혁도 단행하였다. 아테네는 도시국가를 형성하면서 기원전 800년에서 700년 사이에 인구가 급증하였다. 그러나 부익부 빈익빈 현상이 심각해지면서 기원전 7세기 후반에는 많은 가난한 아테네 농민이 부유한 재산가에게 자신의 땅을 잃게 되었고, 생활고가 너무 심해져 빚을 갚기 위해 노예로 팔려가기도 했다. 그러나 이러한 절망적인 상황에 빠진 아테네는 기원전 594년에 솔론의 등장으로 혁신되었다. 그는 가난한 사람들의 채무를 탕감하고 빚 때문에 노예로 팔려가는 것을 금지하였다. 아테네에 심각한 경제난이 발생한 것은 아테네의 땅 자체가 근본적으로 자급자족이 불가능한 토양을 갖고 있었기 때문이다. 그래서 솔론은 올리브 생산과 수출을 장려하고 도자기 기술과 같은 전문직종을 장려하여 문제를 해결하였다.

아테네의 사법 개혁과 배심원제 도입

아레오파고스는 기원전 487년 이후로 다시 한번 개혁된다. 매년 선출되는 아르콘들은 선거에 의해서가 아니라 추첨에 의해 무작위로 선발됨으로써 엄청난 선거비용을 대던 부자들이 아르콘직을 독점하는 것을 막을 수 있었다. 그러나 제도가 변해도 사람이 변하지 않으면 여전히 부패하기는 마찬가지이다. 추첨에 의해 민주적으로 선출된 아르콘들도 점차 부패해갔다. 아레오파고스는 현직 아르콘의 비행을 탄핵하는 권한을 가지고 있었다. 그러나 아레오파고스 자체가 전직 아르콘으로 구성된 기관이기 때문에 현직 아르콘과도 친할 수밖에 없었고 불법적인 상황을 덮어주는 경우도 발생하였다.

그리하여 아테네에는 에피알테스(Ephialtes)에 의해 새로운 사법 개혁이 일어났다. 그것은 우선 아레오파고스의 법적 권한을 제한하는 것이었다. 다음으로 새로운 사법 제도로서 배심원단 제도가 도입되었다.[26] 배심원단은 총 6,000명으로 구성되고 배심원은 사회 각계각층의 30세 이상의 남자 시민들 중에서 무작위추첨으로 뽑혔다. 이제 새로운 사법제도 하에서 아르콘들은 사소한 범죄에 관련된 판결을 내렸고, 아레오파고스도 몇몇 특수한 사법적 권한을 가질 뿐이었다. 그리고 배심원단이 실질적으로 아테네의 공공생활의 사법적 원칙을 정했다. 배심원들은 그 수가 수백 명에서 수천 명에 이르렀기 때문에 뇌물을 수수하거나 재판 결과를 조작하는 것은 어려웠다. 기원전 4세기 초에는 배심원을 재판 당일 추첨으로 선발하여 아예 부정행위를 차단하였다. 따라서 에피알테스의 사법 개혁 이후에 아테네 민주제는 더욱 확고하게 발전할 수 있었다.

사도 바울과 그리스정교

그런데 현재 아레오파고스 한쪽 편을 보면 큰 동판 하나가 붙어 있다. 사실 아레오파고스가 어떠한 역사적 유래가 있는지 알지 못하는 사람들은 때로는 동판만 읽고는 종교적인 성지로 생각하는 경우도 있다. 그 동판에는 『성경』의 「사도행전」 17장 22절 이하의 구절이 적혀 있다. 그것은 사도 바울이 기원후 51년 아테네에 전도 여행을 와서 아레오파고스 앞에서 설교한 내용을 기록한 것이다. 바울은 아테네인들이 모든 일에 종교적이라고 말하였다. 그는 아테네인들이 '알지 못하는 신에게'라고 새긴 제단을 보고 그 신이 누구인지를 가르쳐주겠다고 말하고 있다. 그러나 당시 사도 바울의 말에 귀를 기울이는 아테네인은 거의 없었다.

그리스인들은 신을 좋아했다. 그래서 그리스 자체의 신들 외에 다른 나라의 신들도 유입하여 숭배하였다. 그들은 근본적으로 다신교였기 때문에 유일신을 내세우며 다른 신들에 매우 배타적인 태도를 가지는 기독교에 대해 별로 호감을 가질 수 없었을 것이다. 그러나 기원후 600년 전후에 비잔틴 제국 시대가 시작되면서 그리스인들은 가장 독실한 기독교인들로 변화되었다. 이때부터 그리스정교가 그리스의 국교로 자리 잡아 지금까지도 그리스인들의 삶과 죽음을 지배하고 있다. 현재 그리스인들의 98%가 그리스정교 신자이다. 아테네에는 비잔틴 시대의 정교회가 여러 곳에 남아 있다. 우선 사도 바울의 전도 여행을 기념하여 기원후 1000년에 아고라의 남동쪽에 성 아포스톨로스 교회가 세워졌으며, 그 외에도 성 엘레프테리오스 성당과 성 테오도리 성당 등이 있다. 이제 그리스인들에게는 고대 그리스 신들이 모셔진 아크로폴리스의 파르테논이나 제우스 신전이나 헤파이스토스 신전보다는 비잔틴 시대의 성당들이 훨씬 더 의미가 깊을지 모르겠다.

프뉙스, 민주주의의 탄생을 지켜보다

프뉙스와 아테네 민회

아크로폴리스를 따라 올라가는 길에 뒤를 돌아서 보면 건너편에 낮은 언덕이 있다. 그곳이 바로 아테네의 민회(ecclesia)가 열렸던 프뉙스(Pnyx)이다. 사실 아테네 민주제가 탄생한 역사적인 장소이기는 하지만 정작 도착하고 보면 붉은 흙이 그대로 드러나 있는 삐죽한 소규모 운동장 같다. 실제로 아크로폴리스에 왔다가 이곳까지 들르는 사람은 별로 많지 않다. 아크로폴리스를 가득 채우던 그 많던 여행자들은 다 어디로 갔는지, 프뉙스에는 적막감마저 돈다. 여기가 도대체 아테네인지를 잊어버릴 정도로 너무나 조용하다. 그러나 이 얼마나 역설적인 상황인가?

프뉙스는 원래 그리스어로 군중들이 '꽉 들어찬' 또는 군중들이 '밀집한'이라는 의미를 가지고 있다. 고대 아테네에 자유인 성인 남자(20세)는 민회라고 불리는 기관의 공개회의에 참석할 자격이 있었다. 민회는 전체 시민의 의견이 수렴되는 기구인 만큼 아테네인의 가장 핵심적인 권력기구였다. 그것은 1년에 약 40차례 열렸는데 대략 9일에 한 번씩 열린 셈이다. 아테네 민회는 처음에는 아고라에서 열렸고 기원전 6세기 말에는 주로 프뉙스에서 열렸다. 에피알테스의 사법 개혁은 여러 모로 아테네 민주제를 확대시켜나가는 계기가 되었다. 기존의 귀족들의 협의회였던 아레오파고스는 페르시아 전쟁 중에 일시적으로 지위가 상승했지만 에피알테스의 개혁 이후로 다시 약화되면서 상대적으로 아테네 민회의 권한은 훨씬 더 커졌다. 이후 아레오파고스는 고의적인 살인이나 상해와 같은 재판만을 담당했다. 우리가 잘 알고 있는 도편추방제(ostracism) 역시 에피알테스의 사법 개혁 이후에 확립되었다. 도편추방제는 소수보다는 다수의 의결을 존중하는 민주제의 특성을 잘 보여준다.

다수에 의한 결정과 도편추방제

최초의 도편추방제는 기원전 480년경에 발생했다. 아테네 민회는 매년 이 제도의 실시 여부를 투표로 정했다. 이 제도는 '도자기 파편'을 의미하는 오스트라카(ostraca)라는 그리스어에서 나왔다. 즉, 투표를 통해 도편추방을 하기로 결정하면 정해진 날에 모든 성인 남자들이 도편, 즉 도자기 조각에다 추방 대상자의 이름을 적어낸다. 그래서 가장 많은 표를 얻은 자는 의무적으로 아티카 지역의 바깥으로 추방되어 10년 동안 살아야 한다. 그것은 아테네 민주제에 아주 위험스러운 인물을 제거하는 방법도 되었지만, 때로는 대중에 의해 전혀 엉뚱한 인물이 추방되기도 하였다.

플루타르코스는 도편추방제와 관련하여 아리스티데스(Aristides)의 일화를 소개하고 있다. 아리스티데스는 너무나 공평했기 때문에 '정의로운 사람'이라는 별명을 가지고 있었다. 그런데 도편추방의 투표일에 한 시골 출신의 문맹자가 아리스티데스에게 도자기 조각을 주면서 아리스티데스라는 이름을 써달라고 부탁했다. 아리스티데스는 그 도자기 조각에다 자기 이름을 써넣고는, 그에게 자신의 신분을 속인 채 왜 아리스티데스를 추방시키고 싶어 하는지를 물었다. 그 시골 사람은 아리스티데스가 자기에게 나쁜 짓을 한 것은 없으며 실제로 아리스티데스가 누구인지도 잘 모른다고 하면서, 단지 사람들이 하도 아리스티데스가 '정의로운 사람'이라고 말하는 것이 지겨워서 이름을 적어달라고 했다고 말한다. 실제로 아리스티데스는 기원전 482년에 아테네에서 추방되었다가 페르시아 군대에 맞서 싸우기 위해 2년 만에 다시 돌아왔다. 이것은 아테네의 민주제가 가진 단점을 보여주기도 하지만 아테네에서 얼마나 철저하게 민주제가 이루어졌는지를 입증해주는 사례이기도 하다.

아테네 예술의 숲으로 들어가기

디오뉘소스 극장, 인간의 비극을 노래하다

헤로데이온, 예술의 전당에서

아크로폴리스로 올라가는 길목에서 남동쪽 아래로 내려다 보면 푸른 숲으로 싸인 극장이 보인다. '혹시 디오뉘소스 극장이 아닐까'라는 생각은 접는 것이 좋을 것이다. 이 극장은 로마 제국 시대에 완공된 것이기 때문이다. 그것은 일반적으로 헤로데이온(Herodeion)이라 불리는 헤로데스 극장으로 기원후 160년경에 로마의 귀족 헤로데스 아티쿠스가 세운 극장이다. 그래서 헤로데이온 정면에 보이는 옛 잔해들은 로마 건축에서 자주 볼 수 있는 수많은 아치형 창문으로 구성되어 있다. 당장

헤로데스 극장 내부 전경.

이라도 연주를 하거나 연극을 하더라도 별 문제가 없을 정도로 아주 잘 보존되어 있는데, 로마 시대에 세워진 그대로는 아니다. 과거 여러 번의 전쟁으로 인해 대부분 파괴되었다가 1950~1961년에 현재의 상태로 복원된 것일 뿐이다. 실제로 지금까지도 매년 여름 축제 때 이곳에서 야외공연이 열리며, 때로는 세계적인 연주자들이 와서 공연하기도 한다.

디오뉘소스 극장, 쓸쓸한 폐허에 앉아

헤로데스 극장이 비록 전면 보수공사를 하였을지라도 아직까지도 음악 연주와 연극 공연이 가능하여 그리스인들의 사랑을 받을 수 있으니 다행이라 할 수 있다. 헤로데스 극장 옆으로 아크로폴리스 남서쪽 방향에 또 하나의 극장이 있었다. 사실 우리가 주목해야 할 극장은 바로 이 디오뉘소스 극장이다. 그리스 문화가 한창 꽃피던 시절에 이 극장에서는 유명한 비극 경연대회가 펼쳐졌다. 지금은 여행자들이 자칫하면 놓치고 지나갈 수도 있는 폐허가 되었다. 여행자들은 아크로폴리스로

디오뉘소스 극장.

올라가는 길에 헤로데스 극장을 보고 감탄하다가 정작 아크로폴리스에 올라가면 파르테논 신전을 비롯한 다른 신전들 앞에서 마음을 온통 빼앗겨버린다. 그러다가 겨우 정신을 차려서 아크로폴리스에 있는 전망대 쪽으로 가서 아테네의 다른 유적지를 멀리서나마 구경하다가 내려온다.

대부분의 사람들이 아크로폴리스를 구경하는 경로는 아크로폴리스 서쪽 입구로부터 올라와 북쪽을 지나 동쪽으로 돌아서 파르테논 신전의 정면으로 가는 것이다. 그렇지 않으면 서쪽 입구에서 올라와 파르테논 신전 뒷면을 보다가 옆쪽으로 에레크테이온을 한 바퀴 둘러보고 다시 신전 정면을 보게 된다. 그 다음에는 대개 전망대 쪽으로 가서 아테네 시내를 훑어보고 다시 중앙 쪽의 길로 내려오게 되는데 이렇게 되면 디오뉘소스 극장을 아예 볼 수 없다. 파르테논 신전의 정면 동쪽에서 다시 돌아서 남쪽 길을 따라 걷다가 난간에 매달려 남동쪽 아래를 내려다보면 쓸쓸하기 짝이 없는 디오뉘소스 극장과 아스클레피오스 신전 터가 나온다. 항상 사람들의 발길이 많아 북적대는 아크로폴리스와 대조적으로 디오뉘소스 극장에서는 인적을 거의 찾아볼 수 없다. 몇몇 사람만 극장에 내려가 앉아 상념에 빠져 있는 정도이다.

디오뉘소스 극장은 기원전 6세기경에 아테네가 잠시 참주 제로 되었을 때 페이시스트라토스가 아테네에 디오뉘소스 숭배 의식을 들여오면서 만들어졌다. 그는 먼저 디오뉘소스 신전을 건립하고 신전 근처에 원형 공간을 만들었다. 이것이 바로 디오뉘소스 극장이 된 것이다. 디오뉘소스 극장은 비단 아테네에만 국한된 것이 아니고 약간씩 이름이 바뀐 채 각 지역마다 있었던 걸로 보인다. 현재 사용할 수 있는 헤로데스 극장에 약 6,000명의 관객이 들어갈 수 있다면, 과거의 디오뉘소스 극장에는 약 14,000~17,000명의 관객이 들어갈 수 있었다. 아테네의 디오뉘소스 극장이 얼마나 대규모였는지를 가늠할 수 있다.

고대 아테네의 디오뉘소스 극장의 진면목을 보다 자세히 느껴보고 싶은 사람은 펠로폰네소스 반도 쪽으로 가서 에피다우로스(Epidauros) 극장을 둘러보면 된다. 에피다우로스 극장은 고대 그리스의 건축술을 아주 잘 보여주는 대표적인 건축물로, 오르케스트라(Orchestra)의 자리에서 조그마한 동전 하나를 떨어뜨리면 약 14,000명이 자리할 수 있는 관람석 저 끝까지 아주 분명하게 들린다. 에피다우로스 극장은 디오뉘소스 극장보다 훨씬 경사가 심하게 지어졌지만 전체적인 규모나 크기는 비슷하다고 할 수 있다.

고대 그리스의 극장은 대개 세 부분, 즉 무대, 오르케스트라, 관람석으로 구성되어 있다. 무대의 경우 스케네(skene)와 프로스케니온(proskenion)이라는 두 부분으로 되어 있었다. 스케네는 기원전 4세기와 5세기에 주로 소도구와 무대장치 보관소로 사용되었고, 프로스케니온은 배경 장치가 설치되었을 뿐만 아니라 때로는 신들의 등장을 위해 사용되기도 하였다.27) 그러나 기원전 2세기경에는 프로스케니온 지붕을 무대로 변경시켜서 배우들이 높은 무대로 올라가게 되었고, 점차 관람석과 가까워졌다. 오르케스트라는 초기 그리스 비극에서 중요한 역할을 하던 합창단(chorus)이 노래하며 춤을 추던 반원형의 바닥이다. 그러나 점차 후기로 가면서 합창단의 비중은 작아지고 배우들의 역할이 중요해지면서 오르케스트라의 크기도 줄어들기 시작한다.

오르케스트라는 그리스어로 '춤추다'(orchemai)라는 동사에서 왔다. 현대에 이르러 오르케스트라는 '관현악단'을 의미하는 오케스트라의 어원이 되었다. 그러나 본래의 그리스어 의미에서도 알 수 있듯이 그것은 다양한 악기를 연주하는 것보다는 춤추는 것에 초점이 맞추어져 있다. 마지막으로 수많은 관중이 자리잡고 앉아 구경하던 관람석이 있다. 그것은 오늘날 '극장'의 어원이 되는 그리스어 테아트론에서 유래되었다. 테아트론(theatron)은 '보다'라는 동사에서 나왔으며 보는 곳을 의미한다. 이러한 의미에서 오늘날 '극장'은 배우나 등장인물보다는 관람객에 더욱 초점을 맞추어야 할 것이다.

실레노스에게 인간의 행복을 묻다

현재 디오뉘소스 극장에 남아 있는 유물이라고 할 수 있는
것은 무대를 장식하는 부조들이다. 그것들은 대개 디오뉘소스
의 생애와 공적을 묘사하고 있다. 일련의 부조들 가운데 중간
쯤에 다른 부조들에 비해 훨씬 큰 인물이 구부정하게 앉아 있
는 모습이 보인다. 바로 실레노스(silenos)이다. 그것은 마치 여
러 부조들 가운데서 걸어 나오려는 듯하기도 하고 또는 머리
를 누르는 듯한 상층부를 힘겹게 받치고 있는 듯하기도 하다.
일반적으로 실레노스는 사튀로스(Satyros)와 비슷하게 인간의
남근에 들창코인 얼굴과 말꼬리를 가졌다. 그렇지만 디오뉘소
스 극장의 실레노스라고 불리는 조각의 얼굴은 들창코에 머리

디오뉘소스 극장의 실레노스 조각.

가 벗겨진 형태는 맞지만 말발굽이나 꼬리를 가진 것으로 보이지는 않는다.

우리는 디오뉘소스를 양육했다는 아주 현명한 실레노스(Silenos)에 대해서도 알고 있다. 그는 판(Pan)의 아들이라고도 하고 헤르메스(Hermes)의 아들이라고도 말해진다. 그는 미다스(Midas) 왕의 유명한 일화에 등장한다. 어느 날 미다스 왕은 디오뉘소스와 떨어져서 프뤼기아의 산중에서 술에 취해 깊은 잠에 빠져 있던 실레노스를 발견하게 되었다. 미다스는 예전에 신비의식에 입문한 적이 있었기 때문에 술 취한 자가 누구인지를 알아차리고 극진히 대접했다고 한다. 나중에 디오뉘소스가 이 사실을 알고 감사의 표시로 소원을 들어주겠다고 하자, 미다스는 자신이 만지는 것마다 황금으로 변하게 해달라고 부탁했다.[28] 그러나 미다스는 곧 자신이 얼마나 어리석은 짓을 했는지 알게 된다. 그는 아무 것도 먹을 수도 마실 수도 없었다. 그가 닿는 것은 모두 황금으로 변했기 때문이다. 결국 그는 디오뉘소스에게 자신의 선물을 도로 가져가달라고 애원을 하고 원래대로 돌아올 수 있었다.

도대체 인간에게 부란 무엇인가? 인간은 그것이 자신을 행복하게 해준다고 생각한다. 그러나 그것 자체가 인간을 행복하게 해주지는 않는다. 오히려 인간을 불행하게 만들 수도 있다. 경우에 따라서는 인간의 본성을 점차 파괴할 수 있다. 물론 부 자체가 나쁜 것은 아니다. 다만 지나치게 많거나 또는 지나치게 적을 경우 그것은 인간에게 악이 될 수 있다. 그러나 인간의 욕망은 한정이 없다. 아무리 많은 것을 가졌어도 인간은 항상 부족하다고 생각한다. 그렇다면 인간은 어떻게 살아야 하는가?

우리는 미다스가 실레노스에게 던진 질문을 상기해볼 수 있다. "도대체 인간에게 가장 좋은 것이 무엇인가?" 현명한 실레노스는 다음과 같이 말한다.

> 가련한 하루살이여, 우연의 자식이여, 고통의 자식이여. 너는 내게서 무엇을 들으려 하는가? 차라리 듣지 않는 것이 그대에게 더 좋으리라는 것을 모르는가? 가장 좋은 것은 네가 도저히 얻을 수 없는 것이네. 가장 좋은 것은 태어나지 않는 것, 존재하지 않는 것이며 아무 것도 아닌 것이네. 다음으로 좋은 것이 있다면, 그것은 곧 죽음이라네.[29]

인간의 삶은 얼마나 고통으로 가득한가? 우리가 행복하다고 생각하는 순간에 불행은 길게 그림자를 늘어뜨린다. 더욱이 인간은 무엇인가를 향해 끊임없이 욕망한다. 아무 욕망 없이 살 수 있는 존재가 있던가? 그러나 우리는 스스로 원하는 바를 다 이룰 수 없다. 무엇보다도 가장 인간을 비참하게 만드는 것은 아무리 피하려고 해도 운명으로부터 한 치도 벗어날 수 없다는 사실이다. 이것이 바로 그리스인들이 삶에 대해 생각하는 방식이다. 그러나 그들은 지독한 염세주의에 빠진 적이 없다. 왜냐하면 그들은 운명을 사랑하는 법을 배웠기 때문이다. 그래서 진정으로 자유로울 수 있었다.

디오뉘소스 엘레우테레우스와 비극 경연대회

디오뉘소스 극장에 앉아 우리는 고대 그리스의 비극이 상연되는 장면을 그려볼 수 있다. 고대 아테네인들은 우리가 볼수 있는 것 너머의 볼 수 없는 것을 생각하고 있었다. 디오뉘소스 제전 때에 벌어지는 비극 경연대회는 신과 영웅들의 드라마를 통해 디오뉘소스 신을 기리기 위한 것이다. 따라서 고대 아테네인들은 디오뉘소스 극장에서 단순히 드라마만을 보고 있던 것은 아니다. 그들은 여기서 인간의 비극과 운명을 경험한다. 디오뉘소스 극장 앞쪽으로는 디오뉘소스 엘레우테레우스(Dionysos Eleuthereus) 신전이 있다. 여기에 등장하는 디오뉘소스의 별칭 엘레우테레우스는 '자유로운 자'를 의미한다. 자유를 사랑하는 아테네인들의 특성을 가장 잘 드러내 보여주는 이름이라 할 수 있다.

디오뉘소스 신전은 두 개의 작은 신전들로 이루어져 있다. 하나는 기원전 540년에 페이시스트라토스가 세운 것으로 나무로 만든 디오뉘소스상이 모셔져 있으며, 다른 하나는 기원전 4세기경에 세워진 것으로 금과 상아로 만든 디오뉘소스상이 모셔져 있었다. 신전 북쪽으로 긴 스토아가 있었고, 신전 남쪽으로 디오뉘소스 제단이 있었다. 그러나 지금은 거의 폐허가 된 상태로 단지 주춧돌들과 제단과 스토아의 파편들만 뒹굴고 있다.

디오뉘소스 신전 바로 옆에 비슷한 운명을 겪은 또 하나의 음악당이 있었다. 한때는 꽤 유명했던 음악당으로 아테네의 가장 유명한 정치가인 페리클레스의 이름을 따서 만든 페리클레스 음악당이다. 페리클레스가 직접 감독하여 기원전 445년에 완공하였지만 기원전 86년에 술라(Sulla)의 침공에 의해 불타버렸다. 거의 형체를 알 수 없을 정도로 파괴되어 이제 단지 과거의 유적지라는 것만을 추측할 수 있다.

비극의 탄생과 역설의 미학

아테네에서는 매년 디오뉘소스 제전 때 3명의 작가를 선발하여 각자 4편의 드라마를 상연하도록 했다. 이 4편 가운데 3편은 비극이었고 1편은 사튀로스 극이었다. 사튀로스 극은 극 중에 사튀로스가 등장하기 때문에 붙여진 이름이다. 그렇다면 비극은 어디서 유래되었을까? 비극은 그리스어로 '염소의 노래'를 의미하는 트라고이디아(tragoidia)라 불렸다. 아마도 초기 비극 경연대회에서 염소를 상으로 주었거나 또는 배우들이 염소 가죽을 입었기 때문일 것이다. 또는 염소를 제물로 바칠 때 부르는 노래였기 때문일 수도 있다.

비극은 원래 디오뉘소스 제전 때 불렀던 노래인 디튀람보스(dithyrambos)에서 시작되었다. 디튀람보스는 춤을 위한 리듬과 희극적 대사가 결합된 노래였을 것으로 추측된다. 그렇다면 어떻게 인간의 고통을 극적으로 표현하고 있는 비극이 디오뉘소스 제전에 사용되던 유쾌한 소극으로부터 나왔을까? 그러기에 비극은 그 탄생부터가 너무나 역설적이다. 가벼운 웃음과 농담 및 춤으로부터 비장한 인간의 운명에 대한 드라마가 탄생했으니 말이다.

도대체 어떻게 희극이 비극의 어머니가 될 수 있단 말인가! 그리고 보면 비극의 기원도 인간의 운명처럼 너무나 우연적이고 비합리적이다. 그러나 이 같은 이상한 비극의 탄생을 설명하려는 노력들도 있다. 그것은 초기의 디오뉘소스 찬가가 영웅설화와 결합되면서 비극적인 내용을 포함할 수 있었다는 것이다. 실제로 영웅들의 고난과 수난은 비극의 주요 내용으로 재현되었다. 게다가 일반 시민의 보편적인 집단의식을 형상화한 합창단의 출현으로 보다 완성적인 면모를 가졌다.

사실 디오뉘소스 신화 자체에서 비극의 가능성을 찾을 수도 있다. 디오뉘소스 신은 변신의 신이다. 가령 에우리피데스의 『박코스의 여신도들』에서 디오뉘소스는 인간으로 육화되어 테베의 왕 펜테우스(Pentheus) 앞에 나타나는 것처럼 다양한 모습의 존재로 변신하여 인간에게 나타난다. 따라서 디오뉘소스는 모방과 밀접한 관련이 있다고 할 수 있다.

아리스토텔레스는 『시학』 6장에서 비극은 행위의 모방이라고 한다. 그러나 아무 행위나 모방하는 것은 아니고 '진지하고 완결되어 있으며 일정한 크기를 가진 행동'을 모방하는 것이다. 즉 비극의 주인공은 보통 사람보다 도덕적으로 훌륭한 사람이어야 한다. 또한 시작과 끝이 분명해야 하며 유기적인 통일성이 있어야 한다. 마지막으로 전체적인 분량은 너무 적지도 많지도 않아야 하며 쉽게 줄거리를 기억할 수 있을 정도의 길이여야 한다.

아스클레피오스 신전, 모든 병은 마음으로 치료한다

아스클레피오스, 죽음에서 태어나다

디오뉘소스 극장으로 들어가는 서쪽 출입구 쪽에 인접하여 또 하나의 신전 터가 남아 있다. 바로 아폴론 신의 아들인 의술의 신 아스클레피오스(Asklepios) 신전이다. 아스클레피오스는 원래 아폴론 신이 그리스 북쪽의 보이베이스 근처에서 코로니스(Koronis)와 결합하여 낳은 자식이다. 코로니스는 아폴론과 이미 결합하여 아스클레피오스를 임신하고 있었음에도 아르카디아에서 온 이스퀴스라는 인물에게 몸을 맡겼다. 그러나 이 사실이 밝혀져 아르테미스 여신이 코로니스를 화살로 쏘아 죽였다. 더욱이 아폴론이 내린 역병이 돌아 다른 많은 여인들도 함께 죽었다. 아폴론은 화장할 장작더미 위에 놓인 코로니스의 시체에서 아스클레피오스를 꺼내 케이론에게 보내 의술을 배우게 하였다.[30]

이와 달리 코로니스의 부정이 포함되지 않은 다른 이야기도 있다.[31] 그리스 북쪽에서 코로니스의 아버지 플레귀아스(Phlegyas)가 펠로폰네소스 반도를 정탐하기 위해 내려왔을 때, 코로니스도 함께 따라왔다가 에피다우로스에서 아버지 몰래 아폴론의 아이를 낳았다. 아스클레피오스는 염소의 젖을 먹고

자랐으며 양치기 개의 보호를 받았다. 아스클레피오스는 죽은 사람도 살려낼 정도로 뛰어난 의술을 발휘하다가 하데스의 불평을 들은 제우스에 의해 벼락에 맞아 죽은 걸로 전해진다. 아스클레피오스는 죽은 후에 숭배를 받았다. 특히 에피다우로스는 아스클레피오스 숭배로 유명한 도시이다.

히포크라테스 선서와 건강의 여신

인간이 자연스럽게 나이가 들어가면서 가장 중요하게 생각하는 것은 '건강'이다. 건강은 정신적인 측면과 육체적인 측면에 모두 관련되어 있다. 어쩌면 인간은 죽음 자체보다도 죽음에 이르는 고통 때문에 죽음을 두려워할 수도 있다. 인간에게 고통을 일으키는 몸의 상처나 질병 등은 마음까지 병들게 하고, 반대로 마음의 상처가 몸을 병들게 하기도 한다. 그래서 그리스인들은 건강한 몸에 건강한 정신이라 말했던가! 고대 아스클레피오스 신전에는 많은 사람들이 찾아왔다. 그곳은 단지 몸만을 치료하는 곳은 아니었다. 많은 사람들이 신전 안에서 잠만 자도 병이 치료된다고 생각했는데, 이는 마음의 병이 치유되었기 때문에 가능했던 것이다.

아스클레피오스 신전 안에는 아스클레피오스상과 휘게이아상이 모셔져 있었다. 휘게이아(Hygeia)는 그리스어로 '건강'을 의미하며 아스클레피오스 딸들 중의 하나이다. 아마도 아스클레피오스 신을 통해 질병의 치료를 받고 휘게이아 여신에게서 건강을 되찾기를 바라는 마음에서 신전 안에 함께 모셨을 것이다. 이처럼 고대 그리스인들은 아스클레피오스 신전에 대해 여전히 미신적인 생각을 갖고 있었다. 그런 가운데 주술과 종교적 의식에 의존하던 의술을 획기적으로 변화시킨 인물이 등장한다. 그는 소크라테스와 같은 시대를 살았던 코스 섬 출신의 유명한 히포크라테스(Hippokrates)이다. 그는 인체를 하나의 유기체로 보고 주로 환자에 대한 세심한 관찰을 통한 임상 실험을 토대로 의술을 시행하였다.

히포크라테스는 질병의 원인과 발생에 대해 신을 언급하지 않았다. 그는 당시로서는 아주 혁신적으로 과학적 관찰과 실험에 의해 의학적 이론을 확립하였기 때문에 의학의 시조로 일컬어진다. 오늘날에도 전문적인 의사가 되기 위해 수련 과정에 있는 사람들은 그의 이름에서 유래되는 히포크라테스 선서를 암송한다. 그러나 히포크라테스 선서는 고대 그리스의 의술의 신 아폴론과 아스클레피오스의 이름으로부터 시작한다. "나는 의술의 신, 아폴론과 아스클레피오스와 휘게이아 및 파나케이아(Panakeia)에게 맹세하여 나의 능력과 판단에 의해 다음의 선서를 준수할 것을 모든 신과 여신 앞에서 맹세한다." 여기 등장하는 파나케이아도 역시 아스클레피오스의 딸로 '모두 치료하는 자'라는 의미를 가지고 있는데 주로 약초를 사용하여 치료한다.

펠로폰네소스 전쟁과 전염병
의술의 신 아스클레피오스가 아테네에서 본격적으로 숭배

되기 시작한 것은 펠로폰네소스 전쟁(기원전 431~404년)이 계기가 되었다. 기원전 431년경에 아테네와 스파르타 간에 심각한 분쟁이 일어나 결국 펠로폰네소스 전쟁으로 이어졌다. 당시 아테네는 이미 페르시아 전쟁을 치른 경험이 있었기 때문에 자신감을 갖고 있었다. 아테네의 지도자 페리클레스는 도시의 성벽을 철저히 요새화했다. 그러나 스파르타와 비교할 때 아테네는 해상에서는 무적이지만 아무래도 보병은 밀리는 편이었다. 따라서 페리클레스는 가능하면 스파르타와의 지상전을 피하고 성벽 안에서 아테네를 사수하는 전략을 짰다. 그래서 성벽 바깥의 전원 지역에 사는 주민들을 성벽 안으로 대피시켰다. 예상대로 스파르타의 보병들이 아테네로 진격해왔지만 아테네를 함락시킬 수는 없었다. 그들은 한 달 동안이나 성벽 밖에서 약탈 행위만 하다가 결국 되돌아갔다. 페리클레스이 전략이 성공한 셈이다.

그러나 기쁨도 잠시 페리클레스로서는 예상치 않은 커다란 재앙을 맞이하게 된다. 전원 지역에서 온 수많은 아테네인들이 도시 성벽 뒤편에서 비위생적인 생활을 하다가 전염병에 걸린 것이다. 기원전 430년경에 이루 말할 수 없는 사람들이 전염병에 걸려 설사, 구토, 고열에 시달리다가 죽어갔다. 실제로 사망률이 너무 높아서 전쟁을 계속하기 위한 군사의 수를 채울 수도 없을 정도였다. 이런 상황에서 기원전 429년경에 아테네의 유능한 지도자 페리클레스마저 전염병으로 죽자 아테네는 무기력에 빠졌다. 그렇지만 아테네 해군은 이런 와중에도 몇 번에 걸쳐 중요한 승리를 거두었다. 덕분에 아테네와 스파르타는 오랫동안 힘의 균형을 이뤘지만, 그 결과 전쟁은 지루하게 계속되었다.

드디어 기원전 420년경 아테네에 아스클레피오스 신전이 세워진다. 그리스인들은 질병이 신들로부터 온다고 생각했다. 신들의 면모를 보더라도 아스클레피오스 신의 아버지 아폴론의 경우, 의술의 신이지만 동시에 인간을 파멸로 몰아넣기 위해 끔찍한 역병이나 질병을 보내는 신이기도 하다. 『일리아스』에서 아폴론은 자신의 사제 크리세스를 모욕하고 그의 딸 크리세이스를 돌려주지 않은 아가멤논에게 분노하여 그리스군에게 역병을 보내는 것으로 나온다.[32] 이처럼 고대인들은 가뭄이나 홍수와 같은 자연 재해와 같이 질병도 초월적인 힘을 가진 존재로부터 오는 것이라 생각했다. 그래서 죽음의 문턱에서 신을 찾고 다행히 죽음을 피했을 때에는 신에게 감사기도를 한다. 아테네에서도 전염병이라는 죽음의 그림자가 지나고 난 후에야 의술의 신의 중요성을 절감하고 새로 신전을 세워 본격적으로 숭배하기 시작한 것으로 보인다.

판아테나이코스 경기장에서 근대 올림픽을 구경하다

근대 올림픽과 판아테나이코스 경기장

아크로폴리스에서 동쪽으로 제우스 신전보다 좀더 멀리 떨어진 곳에 근대적인 경기장이 있다. 그것은 근대 올림픽의 산

실이라 할 수 있는 판아테나이코스(Panathenaikos) 경기장이다. 이곳은 아테네의 가장 큰 축제라 할 수 있는 판아테나이아 제전이 벌어질 때 운동 경기를 하던 장소였다. 기원전 4세기에 처음으로 사용되기 시작하다가 기원후 2세기 때 아크로폴리스의 헤로데스 극장을 건립했던 헤로데스 아티쿠스가 대리석으로 아름답게 재건하였다. 그러나 로마 제국 이후에는 기독교의 영향으로 버려져 있다가 1895년 근대 올림픽 개최지로 선정되어 1896년에서 1906년에 걸쳐서 새롭게 복원되었다. 근대 올림픽은 프랑스의 쿠베르탱 남작이 고대 올림픽의 정신을 이어받아 국가간의 우정과 협력을 증진시키고 세계 평화를 실천하자는 의도로 제안된 것이다.

제1회 근대 올림픽은 아테네가 개최지로 선정된 이듬해인 1896년에 판아테나이코스 경기장에서 열렸다. 1896년 4월 6일부터 15일까지 약 10일 동안 모두 14개국이 참가하여 경쟁하였다. 당시 판아테나이코스 경기장에는 약 8만 명 정도 앉을 수 있었는데 6만 명 이상의 관람객들이 들어찼다. 현재 경기장에 들어서면 입구 쪽에 역대 근대 올림픽 우승자 명단과 개최지를 새긴 대리석 석판들이 있다. 사실 오늘날 우리가 자주 볼 수 있는 현대적인 경기장에 비하면 너무 아담하다고 할 정도로 작아 보인다. 그러나 바로 이곳에서 고대 올림픽의 정신을 이은 근대 올림픽이 열렸다는 역사적인 사실을 돌이켜본다면 남다른 감회에 젖을 수 있을 것이다.

왜 헤르메스는 경기장에 갔을까

근대 판아테나이코스 경기장은 고대 그리스 경기장의 일반적인 구조를 본떠서 만들어졌다. 그러나 현재는 운동장 형태가 타원형 트랙으로 되어 있다. 사실 고대 그리스의 달리기 경주는 오늘날처럼 타원형 트랙을 도는 것이 아니라 직선형 트랙이었다. 왜냐하면 고대의 달리기는 경기장 한쪽 편에서 다른 편으로 왕복달리기 형태로 되어 있었기 때문이다. 경기장 입구 쪽에서 보면 반대편 안쪽으로 두 개의 석상이 보인다. 그것은 바로 헤르메스 신상이다. 그런데 자세히 보면 여느 헤르메스 신상과 달리 좀 특이한 형태로 만들어져 있다. 즉, 꼭대기 부분만 사람의 얼굴로 되어 있고 몸통은 기다란 기둥 형태로 되어 있다. 게다가 기둥의 중간보다 약간 위쪽에 남근이 달려 있다.

그리스 박물관을 돌아다니다 보면 워낙 조각상들에서 자주 볼 수 있는 것이기 때문에 망측할 정도로 생각되지 않는다. 그렇다면 왜 그리스인들은 경기장에 이러한 형태의 헤르메스상을 두었을까. 대부분의 사람들이 운동장 끝에 있는 헤르메스를 의아해한다. 물론 단순히 형태에만 궁금증을 갖는 사람들도 있다. 그래서 여러 가지 추측이 난무한다. 가령 헤르메스가 운동경기를 주관하고 보호하는 신이기 때문이라고도 하고 남근이 돌출된 것은 다산의 신이기 때문이라고도 한다. 나아가 이 헤르메스 기둥에 조각되어 있는 양면으로 두 개의 얼굴을 자세히 보면 한 쪽은 젊은이 얼굴에 풀죽은 남근이 조각되어 있고, 다른 쪽은 장년층 얼굴에 단단한 남근이 조각되어 있다. 이 점에 착안하여 운동을 게을리 하면 젊더라도 힘을 쓸 수 없지만 운동을 열심히 하면 젊은이 못지않을 수 있다고도 해석한다. 그러나 무엇보다도 헤르메스 기둥이 운동장에 있는 이유는 분명하다. 그리스어로 헤르마(herma)는 기둥을 말하며 경계석을 가리켰다. 그래서 한 도시와 다른 도시의 경계를 표시할 때 헤르메스 기둥을 세웠다. 고대 그리스 달리기 경주는 현대와는 달리 왕복달리기를 하였다. 그래서 헤르메스 기둥은 이쪽에서 달려서 저쪽으로부터 돌아오는 경계를 구별 짓기 위한 것이었다. 즉, 헤르메스 기둥을 기점으로 왕복달리기를 하기 위해 세워진 것으로 보는 것이 가장 타당할 것이다.

고대 올림픽 제전의 기원과 특성

원래 올림픽의 기원은 펠로폰네소스 반도의 올림피아(Olympia)에 있는 제우스 신전에서 유래한다. 그렇지만 올림픽 경기의 기원에 대해 정확히 알기는 어렵다. 더욱이 올림픽과 관련된 신화도 아주 다양하게 전승되어서 더욱 혼선을 빚게 한다.[33] 대표적으로 몇 가지만 소개하면 우선 헤라클레스 이다이오스(Harakles Idaios)로부터 유래된다고도 한다. 그는 크레테에서 자신의 형제들과 함께 올림피아로 와서 경기를 확립하였고 올리브 관을 상으로 주었다는 것이다. 그러나 우리가 잘 알고 있는 제우스가 알크메네와 결합하여 낳은 헤라클레스가 경기를 만들었다고도 한다. 다음으로 탄탈로스의 아들 펠롭스(Pelops)

로부터 유래되었다고 한다. 그는 소아시아로부터 펠로폰네소스 반도로 들어와 오이노마오스(Oinomaos) 왕과의 전차 경기에서 승리하여 히포다메이아(Hippodameia)와 결혼하였다. 마지막으로 제우스가 크로노스와 레슬링을 하여 이긴 후에 또는 아폴론이 헤르메스와 달리기를 하여(혹은 아레스와 권투를 하여) 이긴 후에 경기를 확립했다고도 한다.

고대 올림픽은 기원전 776년에 시작된 것으로 본다. 그것은 기원전 5세기에 히피아스라는 인물이 올림픽 경기의 우승자의 이름을 기록한 것에 기초하고 있다. 올림피아에서 열렸던 경기는 매4년마다 개최되었으며 기원전 776년부터 기원후 393년 테오도시우스 황제에 의해 폐지될 때까지 약 1,000년 이상 지속되었다.

올림픽 경기가 열리는 기간 동안에는 전쟁이 중단되고 휴전이 이루어졌다. 원래 올림픽 제전은 엘리스와 피사 간의 전쟁을 종식시키기 위한 목적으로 재개되었지만 점차 그리스 전역은 물론 소아시아와 아프리카까지 확대되면서 휴전기간이 한 달에서 두 달로 늘어났다. 이때는 전쟁 시기라 할지라도 모두 평화와 친선을 도모하였으며, 도시국가간의 화합이 이루어졌다.

올림픽 경기의 종목은 제1회부터 13회까지는 달리기 경주만 하였지만 점차 멀리뛰기, 원반던지기, 창던지기, 레슬링, 권투, 전차 경기 등이 포함되면서 아주 다양해졌다. 고대 올림픽 경기에서는 승리하는 사람에게 올리브 관과 종려나무 가지 및 우승자의 머리띠 외에는 아무 것도 주지 않았다. 그리스인들은 돈을 벌기 위해 경쟁하는 것이 아니라 명예를 위해 경쟁하였다. 그렇지만 올림픽 경기의 우승자가 고향으로 돌아가면 성대한 개선식이 열리고 각종 특권이 주어졌다. 가령 평생 세금을 면제받거나, 사제직이나 장군 또는 지휘관에 임명되는 경우가 많았다. 그러나 올림픽 경기가 전 지중해 지역으로 확산되면서 점차 우승자에게 상금이나 연금이 주어지는 일이 생겼다. 나아가 올림픽 경기 외에도 각 도시국가별로 수많은 제전이 생겨 여러 경기를 돌아다니며 상금을 타는 전문 직업선수들도 등장하게 된다.

고대 그리스의 운동 경기에는 아주 특이한 세 가지 특징이 있다.[34] 첫째, 운동선수들이 나체로 경기를 했다는 것이다. 나체 경기의 관습은 처음부터 있었던 것은 아니다. 호메로스의 『일리아스』를 보면 파트로클로스의 장례의식을 치른 후에 벌어진 권투 경기에서 양 선수

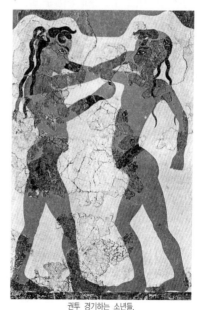

권투 경기하는 소년들.

73

들이 허리옷을 두르고 있는 것을 볼 수 있다.[35] 그것은 단지 국부만을 가리기 위해 허리에 묶는 아주 간단한 옷으로 페리조마(perizoma)라 불렸다. 그러나 기원전 500년 이후부터는 나체로 경기를 하는 관습이 생긴 걸로 보인다. 흔히 최초로 나체 경기를 시작한 사람은 스파르타인이라고 한다. 둘째, 운동선수들이 몸에 올리브유를 바르고 경기를 했다는 것이다. 운동을 하기 전에 몸 전체에 기름을 바르고 모래나 먼지를 뿌렸는데 갑작스러운 날씨 변화로 인한 체온 변화를 방지하기 위해서였다. 그리스인들은 운동을 하여 몸이 황갈색으로 그을린 것을 자랑으로 여겼다. 셋째, 운동을 할 때 아울로스(aulos)라 불리는 일종의 피리를 연주했다는 것이다. 그리스인들은 운동을 통해 단지 신체만이 아닌 영혼의 조화를 이루기를 바랐던 것 같다. 이러한 피리 연주는 모든 운동 경기에서 흘러 나왔다.

아테네 철학의 숲으로 들어가기

아고라, 고대 아테네인들이 걸어 나오다

아테네의 정치 1번지

고대에는 아고라(Agora)에 가면 누구나 만날 수 있었다. 누구나 만나 이야기할 수도 있었다. 그곳은 늘 사람들로 북적거리고 시끄러운 거리였다. 그러나 지금은 여행자들만 무리지어 있을 뿐이다. 그들은 단지 고대 아테네의 유적들과 말하려는 것처럼 보인다. 아고라는 그리스어로 '함께 모이다'라는 동사에서 나왔고 집회 또는 모임 장소를 의미한다. 그래서 고대 아테네의 민회가 열렸던 장소를 가리키기도 한다. 그렇지만 단지 토론이나 재판 및 공적 업무만 이루어졌던 것은 아니고 시

75

장의 기능도 하였다. 즉, 아고라는 사람들이 모여드는 장소로 삶의 현장이었다. 아테네 시민들은 이곳에 모여 정치와 경제 및 철학적인 문제에 대해 토론과 격론을 벌이기도 하고 일상 생활에 필요한 물품을 사기도 하였다.

현대의 아고라는 여기저기 돌무더기만 눈에 띄는 황량한 들판에 불과하다. 그나마 지금 온전히 남아 있는 것은 헤파이스토스 신전뿐이다. 옛날에 아고라에 있었다고 말해지는 제우스 신전과 아폴론 신전 및 아레스 신전은 주춧돌도 찾지 못할 정도로 흔적조차 없다. 아크로폴리스에서 볼 때 왼쪽 저편으로 헤파이스토스 신전이 있으며, 그 근처에는 당시 민회를 이끄는 9명의 아르콘들의 지도자가 업무를 보던 '바실레우스(Basileus) 주랑'과 500인의 협의회가 열리던 '협의회관'이 있으며, 옆쪽으로는 아테네의 군사적 지도자들이었던 스트라테고이(strategoi)가 회합을 갖던 '장군단 본부'와 감옥 터가 있다. 말하자면 이곳은 바로 고대 아테네의 정치 1번지라 할 수 있다. 그 건너편으로 시조 영웅상들이 늘어서 있던 '시조 영웅상 대좌'가 있어 각 부족의 시조 영웅들을 묘사한 청동상들을 올려놓았다고 한다. 지금은 청동상은 보이지 않고 대좌만 남아 있다.

과거 우리나라 대학에서는 민주주의 수호를 위한 학생 운동의 집회 장소로 사용되던 곳을 아크로폴리스 광장이라 불렀다. 최근에도 신문 지상에서 한국 지성인의 양성과 발전을 위해 토론하는 지면에 '신아크로폴리스'라는 이름을 붙인 것을 볼 수 있다. 그러나 이제까지 살펴보았듯이 아크로폴리스는 고대 도시의 가장 높은 곳에 위치해 있는 종교적인 성지라 할 수 있다. 따라서 실제로 아테네의 민주주의가 꽃피고 철학적 논의가 활발했던 삶의 현장은 다름 아닌 아고라였다. 고대 아테네인들에게 정치와 철학은 일상적인 삶의 현장과 동떨어진 것이 아니다. 아고라에 와서 일상생활에 필요한 물건을 사면서 우연히 만나는 사람들과 세상 돌아가는 이야기도 하고 진정으로 무엇을 위해 살아야 하는가를 논하기도 한 것이다.

아테네인들의 삶의 현장과 시장

아크로폴리스에서 내려다볼 때 오른쪽은 대부분 고대 아테네의 시장터이다. 이곳도 역시 아고라의 일부이다. 현대식으로 세워진 붉은 지붕을 가진 '아탈로스 주랑'이 아고라의 경계를 이루고 있다. 고대 그리스에는 주랑 건물들이 많았다. 아탈로스 주랑은 기원전 2세기에 소아시아의 페르가몬의 왕 아탈로스 2세가 세운 건물이지만 지금 보이는 형태는 1950년대에 새로 복원되었다. 그러나 너무 현대적으로 보여 역사적인 장소로 보이지 않을 정도이다. 고대에는 물건을 파는 상점들이 들어서 있었는데, 지금은 주로 아고라에서 출토된 유물들을 전시하는 박물관으로 사용되고 있다. 아고라에는 아탈로스 주랑 외에도 시민법정과 인접한 '중앙 주랑'과 스토아학파의 제논이 철학을 강의하던 '채색 주랑' 등이 있었다. 흔히 이 주랑이 있는 곳을 중심으로 상점들이 들어서 있다. 아테네인들은 주랑들 사이를 거닐면서 사람들과 대화를 하고 휴식을 하기도 하였다.

　지금은 고대 아고라가 있던 자리가 폐허가 되었지만 현대 아테네인들은 아직도 이 근처에 시장을 보러 온다. 아크로폴리스의 남쪽 방향 아래쪽으로 넓게 펼쳐진 플라카(Plaka) 지역이 그곳이다. 이 지역은 아크로폴리스를 중심으로 아고라와 마주하고 있다. 플라카에는 우리가 서울 명동에서 볼 수 있는 유명 브랜드가 줄줄이 입점해 있는 크고 널찍한 거리가 펼쳐져 있다. 그러나 조금만 더 안쪽으로 들어가보면 마치 미로와 같이 골목골목에 작은 상점들이 연이어 있다. 플라카를 돌아다니면 어디에선가 로마 시대의 유적들을 만나기도 하고 비잔틴 성당들도 만나게 된다. 그렇지만 여행자들에게 가장 흥미로운 곳은 역시 고대 그리스의 유물들을 모방한 물건들을 파는 상점들이 늘어선 곳이다. 이곳에 들르면 마치 고대 아고라에 다시 돌아간 듯한 느낌을 받을 수 있다.

　플라카에는 그리스의 고대 도시에서 출토된 유물들을 약간은 조잡하고 엉성하지만 비슷하게 만들어 파는 가게들이 즐비하다. 가령 아스클레피오스 신전에서나 볼 수 있는 건강의 여신 휘게이아 두상과 아스클레피오스상도 쉽게 볼 수 있으며, 아크로폴리스의 파르테논 신전에 모셔졌던 아테나 여신상도 볼 수 있다. 심지어 아가멤논의 가면이라 불리는 뮈케네 유품들을 모방한 물건들도 있다. 때로는 고대 그리스 전사들이 사용했을 법한 투구와 칼 및 방패의 모조품도 만져볼 수 있다. 이곳은 여행자들에게 고대 그리스의 추억을 살 수 있게 만들어준다. 저녁이 되어 사람들이 플라카에 모여들면 야외 카페에 불이 켜지기 시작하고 수많은 아테네 시민들이 앉아서 차를 마시며 대화를 나누는 모습도 볼 수 있다. 지금 아테네 시민들은 무엇을 이야기하고 있을까?

소크라테스의 재판과 시민법정

아직 아고라를 떠날 때가 아니다. 다시 아고라로 돌아와 아크로폴리스 바로 아래쪽에 있는 시민법정 터로 가보자. 우리는 멀리서 아고라를 가로질러 오는 소크라테스를 볼 수 있을 것이다.

어느 날 소크라테스는 법정에 나오라는 통지를 받았다. 누군가 자신을 고발했다는 것이다. 누구일까? 소크라테스는 많은 생각을 하면서 아고라에 있는 시민법정으로 향했다. 가는 도중 아고라에서 많은 사람들을 만났다. 소크라테스는 사람들과 인사를 하며 천천히 걸어갔다. 아탈로스 주랑의 그늘 아래서 옹기종기 앉아 담소를 하다가 소크라테스를 부르는 사람들도 있었다. 평소의 소크라테스라면 얼른 가서 안부 인사라도 하면서 대화에 참여했을 것이지만 오늘만은 참아야 했다. 그는 오늘 시민법정에 마지막 변론을 하러 가야 한다. 아침 일찍부터 크리톤이 찾아와 제발 고분고분하게 말하라고 잔소리를 하였다. 플라톤은 언제 왔는지 알 수 없지만 아무 말도 없이 문 앞에 앉아 있었다. 그는 늘 무언가를 쓰고 있었다. 아고라로 향할 때 크리톤은 소크라테스

곁에서 걱정스러운 모습을 하고 어떻게 할지를 계속해서 떠들어댔으나 플라톤은 묵묵히 그 뒤를 따를 뿐이다. 이미 아고라는 500여 명이나 되는 배심원들로 북적대고 있었다. 과연 이들은 그의 말을 얼마나 들을 수 있을까. 소크라테스는 사람들 사이를 뚫고 법정 앞으로 나갔다.

소크라테스는 자신을 고발한 원고 쪽의 진술을 듣고 이제 마지막이 될지도 모르는 변론을 한다. 여기서 소크라테스는 도대체 자신에게 왜 이러한 상황이 닥쳤는지를 안타깝게 되돌아보고 있다. 그는 자신이 어떤 이유로 고발당했는지를 이해할 수 없었다.

아폴론의 신탁과 소크라테스

소크라테스는 자신의 삶을 회고하면서 사람들에게 원한을 사게 된 이유를 다음과 같이 추측하고 있다. 그것은 소크라테스의 열렬한 추종자이자 동료인 카이레폰이 괜한 짓을 했기 때문이다. 그는 쓸데없이 델포이까지 가서 아폴론에게 '소크라테스보다 더 현명한 사람이 있는지'를 물었다. 그런데 전혀 예상치도 않은 '없다'라는 대답을 들은 것이다.[36] 소크라테스는 카이레폰이 받은 신탁을 도저히 이해할 수가 없었다. 그는 자신이 현명하다고 생각한 적이 전혀 없었기 때문이다. 그렇다면 신들이 신탁을 통해 거짓을 말할 수는 없을 터이고 도대체 어떤 뜻으로 받아들여야 하는가? 소크라테스는 한동안 신이 무엇을 말하려고 하는 것인지에 대해 혼란스러웠다.

그래서 소크라테스가 선택한 방법은 자신보다 지혜롭다고 생각되는 사람들을 찾아다니면서 알아보자는 것이다. 결국 이 방법은 소크라테스의 고민을 해결해주었다. 아테네에서 각 방면에 전문가라고 말해지는 사람들을 직접 찾아가 대화를 해보니 그들이 실제로는 현명하지 않다는 사실을 안 것이다. 소크라테스는 최소한 자신이 모른다는 것은 알고 있었지만 그들은 자신들이 모르고 있다는 것조차 알지 못했다. 그러나 더욱 심각한 문제가 발생했다. 이제 신탁이 무엇을 의미하는지는 알았지만 그 자신이 여러 사람들에게 꼬치꼬치 캐묻다가 공연히 사람들에게 원한을 샀다는 것이다. 게다가 자신을 쫓아다니는 젊은이들이 어설프게 자신의 흉내를 내면서 얻게 된 원한까지도 고스란히 소크라테스에게 돌아왔다. 소크라테스는 다만 신탁의 뜻을 알기 위해 자신이 한 일로 죽음의 상황까지 이르게 된 것이다.

음미되지 않는 삶은 살 가치가 없다

소크라테스는 법정에서 원고 측이 자신에 대해 고발한 내용을 조목조목 논리적으로 반박한다. 그렇지만 그는 이미 자신이 패소할 것이라 예감한 듯하다. 첫 번째 투표에서 유죄를 판결한 사람이 280명이고 무죄는 220명이었다. 이제 유죄 판결을 받은 상태에서 원고 측은 사형을 언도할 것을 주장하고 피고 측은 벌금형을 제안하고 있다. 소크라테스는 자신에게

돈이 별로 없기 때문에 벌금으로 겨우 은화 1므나 정도를 물수 있다고 말한다. 은화 1므나면 100드라크메의 가치가 있었는데 당시 전문적인 기술을 가진 성인 남자의 일당이 1드라크메 정도였다. 별다른 직업도 없던 소크라테스에게는 상당히 많은 금액이라 할 수 있다.

그러나 소크라테스는 벌금형을 제안하기에 앞서 혹시 자신에게 추방형이 내려지면 받아들이지 않겠다는 의사를 확실히 한다. 그 자신은 다른 사람들과 함께 사람에게 가장 좋은 것은 무엇이고 가장 탁월한 것은 무엇인가를 음미하지 않고 살아간다는 것은 생각조차 할 수 없다고 한다. 여기서 그는 유명한 "음미되지 않는 삶은 살 가치가 없는 것"이라고 말한다.[37] 그러면서 소크라테스는 아마도 이러한 자신의 입장을 사람들이 이해하기 어려울 것이라고 한다. 실제로 배심원들은 이해를 못했을 뿐만 아니라 오해를 하였다. 그들은 아마도 소크라테스의 태도가 건방지다고 생각했던 것 같다. 다시 투표를 한 결과 소크라테스가 유죄라는 쪽에 표를 던진 사람이 80명이나 더 늘었다. 결국 소크라테스는 사형 선고를 받고 죽을 수밖에 없었다.

뮤즈의 언덕, 소크라테스를 노래하다

소크라테스의 재판과 아테네 정치의 혼란

소크라테스는 사형을 언도 받고 최후의 진술을 한다. 그는 자신이 억울하게 죽는 것에 대해 아테네인들을 비난하기보다는 오히려 아테네인들이 자신을 처형한 사실 때문에 후대에 비난 받을 것을 염려한다.[38] 그래서 자신은 이미 살 만큼 산 나이이고 죽음에 가까운 나이이기 때문에 얼마 되지 않아 자연히 죽을 것이므로 그때까지 잠시만 기다려주면 자신을 고소한 사람들이 오명을 피할 수 있을 것이라 안타까워한다. 소크라테스는 너무 꼿꼿한 게 흠이었다. 그는 두려울 것이 없었고, 거칠 것이 없는 사람이었다.

그러나 아테네 시민들은 불안하기 짝이 없는 시기를 초조하게 보내고 있었다. 거의 27년 동안을 끌다가 끝난 펠로폰네소스 전쟁의 여파로 아테네는 정치적으로 지독한 혼란 상태였다. 수많은 인명이 죽어나가 아테네의 인구는 줄어들고 경제력도 많이 약화되었을 뿐만 아니라 국론도 심각하게 분열되었다. 아테네 시민들은 펠로폰네소스 전쟁이 끝나자마자 자신들이 오래 전부터 지켜왔던 민주제가 폐지되고 30인의 참주가 지배하는 공포 정치를 겪었다. 이후 민주제는 바로 회복되었지만 사회 전체가 전쟁의 폐해로 불안정하였다. 아테네인들은 사회 전반에 대해 극단적 조치를 취해야만 했다. 그런데 아테네에 소피스트들이 난립하면서 민주제는 더욱 혼란을 거듭하였다. 상황이 이러하니 불안한 시민들의 눈에는 소크라테스가 프로타고라스나 고르기아스와 같은 소피스트들과 다를 바가 없어 보였던 것이다.

플라톤은 너무 젊었다

소크라테스의 목숨은 모질기도 했다. 소크라테스는 사형을 언도 받았지만 바로 죽지는 않았다. 그가 재판을 받기 전날은 아테네의 종교 제전의 일환으로 아폴론의 탄생지인 델로스(Delos) 섬으로 신성한 종교 의식을 거행하기 위해 떠나는 사절단을 태울 배가 장식되고 있었다. 이 배가 델로스 섬으로 떠났다가 아테네로 돌아오기까지 아테네에서는 모든 사형집행이 금지되어 있었다. 그래서 소크라테스의 사형 집행은 한 달간 지연되었다. 소크라테스로서는 지루하게 죽음을 기다리는 시간이었을지 모르지만 그 친구들과 제자들에게는 소중한 시간이 되었다.

소크라테스는 죽음을 앞둔 얼마 남지 않은 시간 동안에도 끊임없이 말하였다. 아마 그가 살아 있는 한 침묵을 지키는 것은 불가능하였을 것이다. 실제로 그는 자신을 아테네 시민을 귀찮게 하는 등에라고 하지 않았던가. 그는 여전히 바빴다. 억울한 죽음을 받아들이지 말고 탈옥을 하라고 종용하는 크리톤을 설득하고, 비탄에 빠진 제자들에게 죽음이 무엇인가를 설파하고, 슬퍼하지 말라고 위로한다. 소크라테스의 마지막은 너무나 의연하였다. 그래서 오히려 처음부터 죽으려고 작정한 사람처럼 보였을 정도다. 그러나 어떤 말로 설득해도 소크라테스를 사랑하는 친구들과 제자들은 그 슬픔을 견디기 어려웠을 것이다. 아무리 죽음이 나쁘지 않은 것이라 할지라도 살아남은 자들은 이제 더 이상 죽은 소크라테스를 볼 수 없게 되

기 때문에. 소크라테스를 잃고 어떻게 살아갈 것인가! 그러기
엔 플라톤은 너무 젊었다.

소크라테스 감옥과 필로파포스 언덕

지금도 아테네에 가면 소크라테스가 사형되기까지 머물렀
다고 하는 감옥이 있다. 그것은 필로파포스(Philopappos) 기념
비가 있는 언덕에 자리하고 있다. 아크로폴리스에 올라가 서
쪽 방향인 입구 쪽을 향해 건너편을 바라보면 삐죽한 기념비
가 보이는 곳이다. 필로파포스는 로마 시대 때 아테네의 아르
콘으로 파견된 사람인데 아테네인들에게 관대한 정치를 베풀
었다. 아테네인들은 그가 죽자 기원전 116년에서 114년 사이
에 당시 뮤즈의 언덕 정상에 추모 기념탑을 세웠다. 그 이후로
뮤즈의 언덕은 필로파포스 언덕이라 불리게 된 것이다. 이곳
에 올라와 파르테논을 바라보면 가장 아름다운 전경을 찾아낼
수 있다.

필로파포스 기념탑으로 올라가는 길에서 소크라테스의 감
옥을 찾아볼 수 있다. 그러나 이곳은 단지 상징적인 의미로 존
재했던 것이라 생각해야 한다. 소크라테스 당시에는 주로 아
고라의 시민법정에서 재판을 하고 근처에 있는 감옥에 갇혔기
때문이다. 당시 아고라의 감옥 터는 협의회관과 톨로스를 지
나 좀 더 올라가면 나온다. 물론 이제는 거의 흔적조차 찾기
어렵지만 말이다. 그러나 소크라테스가 죽기 바로 직전까지도
감옥에서 제자들과 죽음에 관해 철학적 논의를 한 것을 생각

한다면 뮤즈의 언덕에 소크라테스의 감옥을 표시한 아테네인들의 의도를 눈감아줄 수도 있을 듯하다.

아테네 대학, 철학자의 거리를 걷다

아테네의 광장들, 삶의 조화를 찾아서

아테네의 밤이 깊어지면 여행자들은 주로 오모니아(Omonia) 광장 쪽으로 모여들게 된다. 왜냐하면 바로 이곳에 많은 호텔들이나 숙박업체들이 모여 있기 때문이다. 오모니아 광장은 현대 아테네인들의 경제 활동의 중심지이다. 그래서 특히 아침에는 오모니아 광장을 중심으로 수많은 사람들이 출근하기 위해 북적대는 모습을 볼 수 있다. 고대 아테네는 아니지만 사람들이 살아가는 또 다른 도시라는 사실을 실감할 수 있게 해주는 장면이다. 오모니아 광장은 그리스 근대 국가의 탄생과 관련이 있다. 1862년에 그리스인들은 새로운 정부를 수립하지만 치열한 정권 다툼으로 군대와 경찰까지 동원되는 위험한 상황에 처하게 되었다. 그러나 서로 유혈 사태는 피하려고 노력한 결과 극적인 타결을 보고 새로운 정부를 세웠다. 이것을 기념하여 '일치' 혹은 '동의'를 의미하는 오모니아라는 이름을 그 광장에 붙인 것이다.

오모니아 광장에서 멀지 않은 곳에 신다그마(Syntagma) 광장이 있다. 신다그마는 그리스어로 '헌법'을 의미한다. 이 광장에 국회 의사당 건물이 있다. 1843년 그리스 최초의 헌법을 제정한 후에 이름이 붙여진 것이다. 신다그마 광장은 아테네 시내의 중심이라 할 수 있다. 신다그마 광장 건너편에 아테네의 명동이라 할 수 있는 플라카가 발달해 있다. 오모니아 광장에서 신다그마 광장까지 아주 먼 길은 아니다. 여행자들은 오모니아 광장을 중심으로 여러 갈래의 길들이 있기 때문에 자칫 길을 잃기도 하지만 신다그마 광장 쪽으로 찾아가는 것은 그리 어렵지 않다. 오모니아 광장에서 신다그마 광장 쪽으로 곧장 가는 길에 현대 아테네의 지성의 전당이라 할 수 있는 아테네 대학과 국립 도서관 및 아카데미아를 볼 수 있다.

아테네 국립대학, 철학자의 집에서

아테네의 아카데미아는 상징적인 조각상들로 가득하여 그곳이 어떤 곳인지를 쉽게 짐작케 한다. 우선 아카데미아는 정

아테네 국립대학.

소크라테스.

면에 여섯 개의 이오니아 양식의 기둥들이 늘어선 그리스 신전의 형태로 되어 있다. 건물의 박공벽에는 제우스를 중심으로 올림포스 신들이 묘사되어 있으며 박공벽이 끝나는 지붕 양옆에는 '지혜'를 상징하는 스핑크스들이 앉아 있다. 더욱이 그 앞에 전형적인 아테나 여신상과 아폴론 신상이 높은 기둥 위에 좌청룡 우백호처럼 나란히 있다. 우리가 바라보는 방향으로 왼쪽에는 투구에 창과 방패를 들고 서 있는 아테나 여신이, 오른쪽에는 리라를 든 아폴론 신이 서 있다. 아테나 여신은 '지혜의 여신'이고 아폴론 신은 '학문과 예술의 신'이니 아카데미아를 지키고 서 있을 만하다.

더욱이 두 신들 앞에 좌대에 아테네 출신의 그리스 철학을 대표하는 두 명의 철학자들이 심각한 자세로 앉아 있다. 오른쪽에는 소크라테스가 로댕의 '생각하는 사람'과 같이 턱을 괴고 앉아 있으며, 왼쪽에는 플라톤이 무릎에 손을 올려놓은 채로 앉아 있다. 얼핏 보면 서로 비슷한 조각상이라 누가 누구인지 잘 구별이 안 될 수도 있다. 그러나 자세히 쳐다보면 머리가 벗겨지고 가슴이 온통 드러난 인물이 있는데 바로 소크라테스이다. 원래 소크라테스는 들창코에다 배가 불룩 나와 실레노스 모습과 비슷하다고 묘사되어 왔는데 아무래도 철학의 역사에 기념비적인 인물임이 고려되어서인지 훨씬 잘 생긴 모습으로 조각되어 있다. 실제로 플라카 거리에서 소크라테스 조각상을 사려 할 때 너무 잘생기게 만들어놓아 소크라테스와 전혀 닮아 보이지 않는 경우도 있다.

흔히 이곳이 아테네의 아카데미아라고 불리기 때문에 고대 그리스의 플라톤이 창시한 아카데미아와 동일한 곳으로 착각하기 쉽다. 그러나 그것은 단지 상징적인 의미로 있을 뿐이다. 고대 아카데미아는 아테네의 옛 관문인 디필론 성문 근처에 있다. 하지만 별다른 유적이 남아 있지 않기 때문에 그저 나무와 잔디가 있는 평범한 공원처럼 보인다. 디필론 성문은 아테나 여신을 기리는 판아테나이아 제전의 행렬이 출발하는 곳이다. 여기서부터 아크로폴리스 서쪽 입구 쪽으로 이어지는 거리가 판아테나이 거리이다. 디필론 성문 밖으로는 케라미코스(Keramikos) 지역이 있다. 원래 케라미코스는 그리스어로 '도자기'를 의미하므로 아마도 도자기 작업장이었을 가능성이 높다. 그러나 지금 남아 있는 유적들은 대부분 무덤들이다.

아리스토텔레스의 뤼케이온을 찾아서

고대 아테네에는 플라톤의 아카데미아 말고도 아리스토텔레스의 뤼케이온이 있었다. 뤼케이온은 아리스토텔레스가 창

립한 사설 학교라 할 수 있다. 신다그마 광장 옆쪽으로 보면 리키온, 즉 뤼케이온이라 불리는 거리가 있다. 혹시 여기 어디에 아리스토텔레스가 세웠다는 뤼케이온이 있는 것이 아닐까? 그러나 뤼케이온의 정확한 위치를 파악하기는 어렵다. 단지 신다그마 광장의 옆쪽으로 뤼케이온이라 불리는 지역이 있다는 사실만 확인할 수 있다. 대개 고대의 아테네에서 젊은이를 가르치는 교육기관은 김나시온(gymnasion) 근처에 있었다. 김나시온은 그리스의 젊은이들이 '벗은 상태'(gymnos)로 신체 훈련을 했기 때문에 붙여진 이름이다. 그러나 신체 활동과 관련된 교육만 이루어진 것은 아니고, 시가(詩歌)를 통해 정신적인 교육도 이루어졌다. 고대 그리스의 교육의 현장이 바로 김나시온이라 할 수 있을 것이다. 김나시온은 주로 도시 외곽 지역의 숲과 시내가 흐르는 곳에 마련되어 있었다. 그렇다면 현대의 뤼케이온 지역도 완전히 배제할 필요는 없을 것이다. 신다그마 광장을 포함하여 뤼케이온 지역은 고대 아테네 성벽 외곽에 있기 때문이다. 그러나 강은 조금 멀리 위치해 있다. 지금의 판아테나이코스 경기장은 마치 고대 김나시온처럼 아주 멀지 않은 곳에 일리소스 강이 지나고 있다.

뤼케이온이라는 이름은 단지 아리스토텔레스 때문에 유명해진 것은 아니다. 소크라테스는 젊은이들이 시가도 공부하고 운동도 하던 뤼케이온 김나시온을 자주 찾았다. 플라톤의 『에우튀프론』의 서두를 보면 바실레우스 주랑에서 소크라테스를 만난 에우튀프론이 소크라테스에게 안부를 묻는 장면이 나온다. 그는 소크라테스에게 왜 자주 찾던 뤼케이온에 있지 않고 아고라의 바실레우스 주랑에서 서성대고 있냐고 묻는다.[39] 즉, 소크라테스는 아고라보다도 뤼케이온에서 훨씬 더 많은 시간을 보낸 것으로 보인다. 아리스토텔레스는 바로 소크라테스가 자주 드나들던 뤼케이온 김나시온 근처에 자신의 학교를 세운 것일 뿐이다.

아테네의 숲을 나오며

　아테네는 고대 그리스의 비극과 철학을 꽃피운 가장 아름다운 도시였다. 아테네라는 도시 자체보다도 도시의 사람들 때문에 아름다운 것이다. 우리가 고대 그리스를 상상할 때 떠오르는 예술적 이미지에 비해 아테네는 별로 아름다운 도시는 아니다. 아크로폴리스에서 아테네를 내려다보면 푸른 숲보다는 듬성듬성 붉은 흙과 차가운 바위들이 나신을 드러내 보인다. 고대로부터 아테네를 비롯한 아티카 지역은 기후가 건조하고 땅이 척박하여 충분한 식량을 생산할 수가 없었다. 그러나 아테네인들은 이 땅에서 긴 세월 동안 영혼의 나무를 키워 매혹적이고 순수한 정신의 산물을 일구어냈다. 서구 정신의 기원은 바로 그리스라는 여위고 메마른 땅에 질기고 억센 뿌리를 박고 있다. 아테네의 푸른 숲은 딱딱한 대지에 있는 것이 아니라 부드러운 '정신'에 있다.

아테네의 푸른 숲으로 들어가기 위해서는 무한한 상상력을 필요로 한다. 인간만이 상상력을 가장 독특하고 탁월한 방식으로 빚어낼 수 있다. 사실 그리스에서는 우리는 보이는 것과 보이지 않는 것을 모두 보아야 한다. 때로 인간에게는 보이는 것보다 보이지 않는 것이 훨씬 중요하다. 지금 우리가 아테네에서 볼 수 있는 것은 단지 과거의 작은 파편들일 뿐이다. 우리는 고대 신전의 폐허 속에서 기억의 여신을 불러내어 새로운 기둥들을 세워 올리고 수많은 조각상들을 안치해야 한다. 아테네를 우리의 상상력으로 완벽하게 복원하기 위해서는 아테네의 역사와 철학 및 예술 등에 대한 많은 연구가 필요하다. 고대 아테네의 유물과 유적은 우리가 아는 만큼 자신을 살며시 보여준다. 따라서 우리는 아테네를 만나기 전에 우리가 알 수 있는 것을 최대한 찾아보아야 할 것이다. 아테네와 사랑에 빠지기 위해서는 단지 만나는 것만으로 충분할 수 있을지 모른다. 그러나 아테네를 진정으로 사랑하기 위해서는 그녀를 깊이 알고 이해해야 할 것이다.

주

1) Herodotos, Historiai, 1.53.
2) Kerenyi, K, *The Heroes of The Greeks*, Thames and Hudson, 1959, p.211.
3) Homeros, *Ilias*, 13.10.
4) Kerenyi, ibid., 209ff.
5) Kerenyi, ibid., p.213.
6) Kerenyi, ibid., p.210.
7) Euripides. *Medeia*, 824.
8) Apollodoros, 3.14.6.
9) Hyginus, 166.
10) Apollodoros, 3.14.2.
11) 케레니, 『그리스 신화: Ⅰ. 신들의 시대』, 궁리, 2002, p.221.
12) *Ilias*, 2.547.
13) Apollodoros, 3.14.6.
14) Apollodoros, 3.15.4.
15) Hyginus, 46.
16) Hesiodos, *Theogonia*, 887 ff.
17) Kerenyi, 『그리스 신화』, p.213.
18) Apollodoros, 3.15.6.
19) Apollodoros, 3.15.7.
20) Ovidius. *Metamorphoses*, 7.420.
21) Plutarchos. *Theseus*, 9d.
22) Hyginus, 43.
23) Plutarchos. *Theseus*, 11a.
24) Euripides, *Hippolytos*, 1 ff.
25) Thomas R. Martin, *Ancient Greece*, 『고대 그리스의 역사』, 이종인 옮김, 가람 기획, 2003, p.139.
26) Thomas R. Martin, 같은 책, pp.182-183.
27) Susan Woodford, *The Art of Greece and Rome*, 『고대 그리스 로마 미술』, 예경, 1991, p.82.
28) Ovidius, *Metamorphoses*, 11.89-105.

29) 니체, 『비극의 탄생』, 김대경 옮김, 청하, 1988, pp.45-46.

30) Pindaros, *Pythia*, 3.5.

31) Pausanias, 2.26.3.

32) Homeros, *Ilias*, 1.43ff.

33) Anna Maranti, *Olympia & Olympics Games*, Toubi's, Athens, 1999, p.11.

34) cf. Robert Flacelere, *La Vie quotidienne en Grece au Siecle de Pericles*, 『고대 그리스의 일상생활』, 심현정 옮김, 우물이 있는 집, 2004, pp.177-178면.

35) Homeros, *Ilias*, 23.685.

36) Platon, *Apologia*, 20e-21a.

37) Platon, ibid., 38a.

38) Platon, ibid., 38c.

39) Platon, *Euthyphron*, 2a.

아테네 영원한 신들의 도시

펴낸날	초판 1쇄 2004년 6월 30일
	초판 3쇄 2013년 12월 10일

지은이	**장영란**
펴낸이	**심만수**
펴낸곳	**(주)살림출판사**
출판등록	1989년 11월 1일 제9-210호

주소	경기도 파주시 문발동 522-1
전화	031-955-1350 팩스 031-624-1356
기획 · 편집	031-955-4662
홈페이지	http://www.sallimbooks.com
이메일	book@sallimbooks.com

ISBN	978-89-522-0246-8 04080

085 책과 세계

강유원(철학자)

책이라는 텍스트는 본래 세계라는 맥락에서 생겨났다. 인류가 남긴 고전의 중요성은 바로 우리가 가 볼 수 없는 세계를 글자라는 매개를 통해서 우리에게 생생하게 전해 주는 것이다. 이 책은 역사라는 시간과 지상이라고 하는 공간 속에 나타났던 텍스트를 통해 고전에 담겨진 사회와 사상을 드러내려 한다.

056 중국의 고구려사 왜곡　eBook

최광식(고려대 한국사학과 교수)

중국의 고구려사 왜곡의 숨은 의도와 논리, 그리고 우리의 대응 방안을 다뤘다. 저자는 동북공정이 국가 차원에서 진행되는 정치적 프로젝트임을 치밀하게 증언한다. 경제적 목적과 영토 확장의 이해관계 등이 복잡하게 얽혀 있는 동북공정의 진정한 배경에 대한 설명, 고구려의 역사적 정체성에 대한 문제, 고구려사 왜곡에 대한 우리의 대처방법 등이 소개된다.

291 프랑스 혁명　eBook

서정복(충남대 사학과 교수)

프랑스 혁명은 시민혁명의 모델이자 근대 시민국가 탄생의 상징이지만, 그 실상을 아는 사람은 많지 않다. 프랑스 혁명이 바스티유 습격 이전에 이미 시작되었으며, 자유와 평등 그리고 공화정의 꽃을 피기 위해 너무 많은 피를 흘렸고, 혁명의 과정에서 해방과 공포가 엇갈리고 있었다는 등의 이야기를 통해 프랑스 혁명의 실상을 소개한다.

139 신용하 교수의 독도 이야기　eBook

신용하(백범학술원 원장)

사학계의 원로이자 독도 관련 연구의 대가인 신용하 교수가 일본의 독도 영토 편입문제를 걱정하며 일반 독자가 읽기 쉽게 쓴 책. 저자는 역사적으로나 국제법상으로 실효적 점유상으로나, 어느 측면에서 보아도 독도는 명백하게 우리 땅이라고 주장하며 여러 가지 역사적인 자료를 제시한다.

144 페르시아 문화

신규섭(한국외대 연구교수)

인류 최초 문명의 뿌리에서 뻗어 나와 아랍을 넘어 중국, 인도와 파키스탄, 심지어 그리스에까지 흔적을 남긴 페르시아 문화에 대한 개론서. 이 책은 오랫동안 베일에 가려 있던 페르시아 문명을 소개하여 이슬람에 대한 편견과 오해를 바로 잡는다. 이태백이 이란계였다는 사실, 돈황과 서역, 이란의 현대 문화 등이 서술된다.

086 유럽왕실의 탄생

김현수(단국대 역사학과 교수)

인류에게 '예술과 문명' 그리고 '근대와 국가'라는 개념을 선사한 유럽왕실. 유럽왕실의 탄생배경과 그 정체성은 무엇인가? 이 책은 게르만의 한 종족인 프랑크족과 메로빙거 왕조, 프랑스의 카페 왕조, 독일의 작센 왕조, 잉글랜드의 웨섹스 왕조 등 수많은 왕조의 출현과 쇠퇴를 통해 유럽 역사의 변천을 소개한다.

016 이슬람 문화

이희수(한양대 문화인류학과 교수)

이슬람교와 무슬림의 삶, 테러와 팔레스타인 문제 등 이슬람 문화 전반을 다룬 책. 저자는 그들의 멋과 가치관을 흥미롭게 설명하면서 한편으로 오해와 편견에 사로잡혀 있던 시각의 일대 전환을 요구한다. 이슬람교와 기독교의 관계, 무슬림의 삶과 낭만, 이슬람 원리주의와 지하드의 실상, 팔레스타인 분할 과정 등의 내용이 소개된다.

100 여행 이야기

이진홍(한국외대 강사)

이 책은 여행의 본질 위를 '길거리의 철학자'처럼 편안하게 소요한다. 먼저 여행의 역사를 더듬어 봄으로써 여행이 어떻게 인류 역사의 형성과 같이해 왔는지를 생각하고, 다음으로 여행의 사회학적 · 심리학적 의미를 추적함으로써 여행에 어떤 의미를 부여할 것인가에 대해 말한다. 또한 우리의 내면과 여행의 관계 정의를 시도한다.

293 문화대혁명 중국 현대사의 트라우마

백승욱(중앙대 사회학과 교수)

중국의 문화대혁명은 한두 줄의 정부 공식 입장을 통해 정리될 수 없는 중대한 사건이다. 20세기 중국의 모든 모순은 사실 문화대혁명 시기에 집약되어 있다고 해도 과언이 아니다. 사회주의 시기의 국가·당·대중의 모순이라는 문제의 복판에서 문화대혁명을 다시 읽을 필요가 있는 지금, 이 책은 문화대혁명에 대한 안내자가 될 것이다.

174 정치의 원형을 찾아서

최자영(부산외국어대학교 HK교수)

인류가 걸어온 모든 정치체제들을 매우 짧은 기간 동안 시험하고 정비한 나라, 그리스. 이 책은 과두정, 민주정, 참주정 등 고대 그리스의 정치사를 추적하고, 정치가들의 파란만장한 일화 등을 소개하고 있다. 특히 이 책의 저자는 아테네인들이 추구했던 정치방법이 오늘 우리 사회가 당면한 문제를 해결할 수 있는 지혜의 발견에 도움을 줄 수 있을 것이라고 말한다.

420 위대한 도서관 건축순례

최정태(부산대학교 명예교수)

이 책은 도서관의 건축을 중심으로 다룬 일종의 기행문이다. 고대 도서관에서부터 21세기에 완공된 최첨단 도서관까지, 필자는 가능한 많은 도서관을 직접 찾아보려고 애썼다. 미처 방문하지 못한 도서관에 대해서는 문헌과 그림 등 가능한 많은 정보를 수집하려 노력했다. 필자의 단상들을 함께 읽는 동안 우리 사회에서 도서관이 차지하는 의미에 대해 다시 생각하게 된다.

421 아름다운 도서관 오디세이

최정태(부산대학교 명예교수)

이 책은 문헌정보학과에서 자료 조직을 공부하고 평생을 도서관에 몸담았던 한 도서관 애찬가의 고백이다. 필자는 퇴임 후 지금까지 도서관을 돌아다니면서 직접 보고 배운 것이 40여 년 동안 강단과 현장에서 보고 얻은 이야기보다 훨씬 많았다고 말한다. '세계 도서관 여행 가이드'라 불러도 손색없을 만큼 풍부하고 다채로운 내용이 이 한 권에 담겼다.

eBook 표시가 되어있는 도서는 전자책으로 구매가 가능합니다.

(주)살림출판사
www.sallimbooks.com
주소 경기도 파주시 문발동 522-1 | 전화 031-955-1350 | 팩스 031-955-1355